京大生ホステスが教える

女ごころの謎解き

TOUMORO KOSHIKI
灯諸こしき

二見書房

こんにちは!
京大生ホステスの
灯諸《とうもろ》こしき です
京
大
私は現在、
昼間は京都大学に
通いながら
夜は京都の
花街・祇園で
ホステスとして
働いています

この二重生活はなかなかチグハグですが
ホステスのときはネコを被るよ!
私はけっこう気に入っています
なぜなら、どちらか一方だけではできなかった経験がたくさんあるからです

大学では恋愛に縁のないタイプの男性達と一緒に過ごし
夜のお店では仕事も恋愛も超一流の社長さんや芸能人を相手にします
この本には様々なタイプの男性を見てきた私が気がついた
男のカンちがい
をまとめています
でも、そもそもなぜ私がこの本を書こうと思ったのか
まずはその話をしたいと思います

これは数年前私が大学の飲み会に参加したときの話・・・
僕は絶対に結婚しない
えっ なんで？
家に女性がいると気をつかって息が詰まるからです
へー もしかして元カノが大変だったの？
いや、女性と付き合ったことはありません
えっ じゃあなんでそう思うの？
WHY!?
…なんとなくそうだとずっと思ってます

恋愛に縁のない男性は女性を面倒なものだと思い込み
オマエもそう思うよな?
いやーボクはカノジョいるんで…
彼女のいない自分を正当化していました
もちろん恋愛なんてするもしないも個人の勝手だし
彼が結婚しないからって私には何の関係もないけど
「女性は面倒であるはずだ、そうでないと困る」
そう思い込み、自分を納得させようとするその姿はまるで
あんなマズそーなもん要らん…
童話『酸っぱいブドウ』に出てくるキツネのようだと思いました

一方で
多くの恋愛経験のある
一流の男性が
女性をきちんと
理解しているかというと
そうではなく・・・
男は30代からが
モテるもんな～！
イケイケ
社長
君達もそうでしょ？
20代のガキなんかと
付き合えないよね？
そうですね～
年下好き
元カレ全員20代
同い年の彼と
婚約中
ほんと
その通りです
というか
女って男のどこ見て
付き合うか決めてるの？
顔はどうでもいいって
言うじゃん
やっぱアレ？

腕の血管？
グッ
そんなんで
彼氏決めるかよ
ちゃんとカオ見とるわ
あ、わかった
タバコを吸う姿が
カッコイイかどうかだ
ふぃ〜っ
今や女の7割が
「喫煙者は恋愛対象外」
と回答した
データがあることを
知らないのか・・・
一方
アプリで出会った
イケメンは
最近いつ
セックスした？
あはは・・・
なんで急にそんなこと
訊くんですか
女の子の
心を開くには
これが1番早いんだよ
フッ・・・
いや
閉ざすわ
サイナラ

恋愛がニガテな男性も
得意な男性も
女性に対して
様々な勘違いを
していることに
気付きました
そしてきわめつけは
私の元カレの話
ねぇ、私たちって
付き合ってるよね
…え？
いや、
付き合ってないよ
オレそんなつもりで
セックスしてない
ファッ!?
付き合ってると
思ったから
昨夜セックス
したんですけど!?
え…
でも言ってないし

あぁそう
じゃぁもういいです
サヨナラ
べーっ
クッソ～
あいつどう見ても
童貞感全開なのに
ズン
ズン
なぜあんな
チャラ男みたいな
発言する!?
素朴なところが
タイプだったから
好きだったのに
今ので余裕で
キライになったわ
もう知らん
サイナラ
翌日
やっぱ付き合おう
なんで!?

そうして なんだかんだ 交際を始めたものの
その後も 彼の行動には 謎の部分が 多くありました
今日は Mちゃんと 河原町に 遊びに行くね
うん 行ってらっしゃい
ピピピ
…ん? 彼から連絡…
カレシ
今マンション の下にいる いい加減出てきて
はぁ!?

えっ ちょっと どういうこと？
私 今日は 河原町に行くって…
うん
？
嘘だと思ってる
!?
それは 俺を欺くための嘘
本当は今 自分の部屋に他の男を 連れ込んでるんでしょ？
恋愛経験の ほとんどない彼が どうしてこんな こじらせた思考を 持っているのか
う～ん…
私は不思議で たまりませんでした

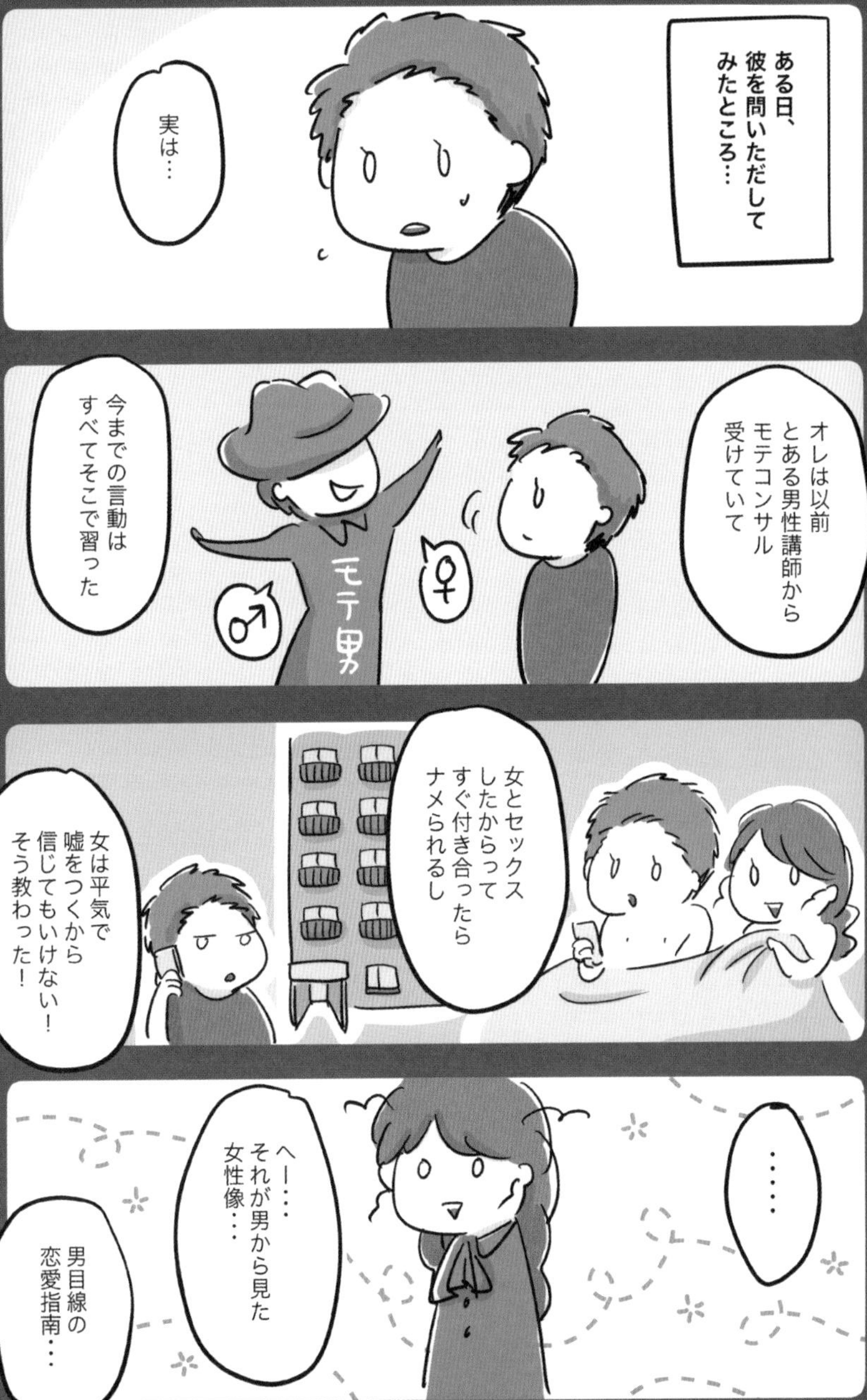

ある日、彼を問いただしてみたところ…
実は…
オレは以前とある男性講師からモテコンサル受けていて
今までの言動はすべてそこで習った
♀
モテ男
♂
女とセックスしたからってすぐ付き合ったらナメられるし
女は平気で嘘をつくから信じてもいけない！そう教わった！
……
へー…それが男から見た女性像…
男目線の恋愛指南…

男同士で女について語り合っていると
伝言ゲームのようにいびつな「勘違い」がたくさん生まれてしまうんだなぁと思いました
世の中の男性は「恋愛」や「女」について大なり小なり勘違いをしています
私はこの勘違いをぜんぶ解きたい
この本には、男性が勘違いしがちな女の本音をまとめています
男性は女性を知る参考資料に
女性は読んで共感したり、彼に渡して勘違いを解く道具に使ってもらえると嬉しいです

京大生ホステスが教える
女ごころの謎解き

目次

chapter1 もてる男、もてない男の謎

chapter 2

男が勘違いしてしまう謎

chapter3
女ごころの本音とウソの謎

chapter1

もてる男、もてない男の謎

「マジメで誠実な男」より「度胸のある男」がモテる

巷では、よく**「マジメで誠実な男がモテる」**と言います。女性も飲み会などで好きなタイプを訊かれると、「マジメな人」とか「誠実な人」って答えますよね。

一方で、**10代や20代の女性には、少しワルい男性（いわゆるマイルドヤンキー）や定職に就いていない男性（バンドマンなど）がモテていたりします。**

これは一体なぜなのか、私には心当たりがあります。

そこで、よく勘違いされがちな**《マジメなだけの男ははたしてモテるのか問題》**について、私の体験談を交えて説明してみようと思います。

♂ 魔人ブウ、現る

同じ学校に通う私と元カレが、近所の定食屋にランチを食べに行った帰り道のことです。

狭い裏道を歩いていると、川べりに魔人ブウのぬいぐるみが置いてあることに気づきました。

30㎝くらいの大きさで、ゲーセンの景品にありそうなサイズの人形です。

見つけた私が駆け寄ると、ぬいぐるみの隣には《**バンジージャンプ1回0円**》と書かれた段ボール片が置かれ、魔人ブウの足首につながれた紐が近くの柵にくくりつけてありました。

まあ要するに暇人のイタズラですね。

私「なにこれ！　魔人ブウ川に落とせってことかな？」

退屈な毎日に突然イベントが発生したことが嬉しくて、私は魔人ブウをバンジージャンプさせる気満々でした。

しかし振り返って彼を見ると、その顔は引きつり、怯《おび》えのような表情が張りついていました。

そして目を輝かせていた私に対して、暗い声でこう言いました。

彼「やめとこう。もしかしたらイタズラの犯人がどこかで見てて、バンジーさせた瞬間に走って出てくるかもしれない。段ボールのどこかに小さな字で（本当は1回1万円）とか書かれてて、請求されるかもしれない。とにかくそのぬいぐるみに触るのは危険。帰ろう」

うん、まったくもって正論です。

彼は、万が一の危険から私を守るためにこんなことを言ったのだとも思います。

でも正直、「**度胸がなくて小さい人だな**」と思いました。

♂小さな男

もちろん、私だってそんな悪意を想像できないほど純粋な人間ではありません。

とはいえ仮にこの程度のイタズラで金品を要求されたところで、支払いの義務は生じないし、警察呼べばハイ終了です。


そもそもその川べりは田舎道で、周囲には誰もおらず、こんな休日の昼間に魔人ブウのぬいぐるみをずっと見張っている暇人がいるとも思えませんでした。

考えられる些細なリスクよりも、好奇心のほうが勝っていた私にとって、彼はひどく頼りなく、自分よりも度胸のない小さな男に思えました。

まるで赤ちゃんうさぎです。


思えば彼は、いつもそうでした。

何かの二択を迫られたとき、必ず**無難で危険が一切ない、そして同時におもしろくもないほう**を選びます。

20代女子が求める刺激

万が一の悪意から大切な人を守ること。それはとても大切です。

でも、そんな慎重でつまらない選択ばかりでは、女の心は萎《しぼ》んでしまいます。

「吊り橋効果」ということばがあるように、何かスリルのあることやイケナイこと、ドキドキするイベントが発生しないと、女心は秋の空と同様、簡単に移り変わるんです。


たとえば……

- **部外者侵入禁止の男子寮に忍び込む**
- **深夜に神聖な場所でちょっとイケナイ行為をして、背徳感を味わう**
- **同じコミュニティ内で、周囲にバレないよう細心の注意を払いながら密会を重ねる**

こういうハプニング的なイベントが、たまにでいいから欲しいんです。平凡で退屈な人生は、年を取ってからでも送れます。若いうちはとにかく楽しく、刺激を求めている女性が多いです。

♂女が惹かれる度胸と行動力

魔人ブウの一件は、ものごとに対して堅実で慎重な彼の利点を表していましたが、私には物足りなく感じました。

普段はマジメな人であっても、川べりで魔人ブウを見掛けたときに、すぐに投げ込めるくらいの無邪気さや度胸を持っていて欲しいんです。

何かがあったときにただリスクを考え怯えるのではなく、勇気の要るほうを選ぶ。好奇心を優先させる。

〝万が一〟は後回し。

私は過去に、この性質を完璧なほどに有した男性と交際したことが1度だけあります。そんな男性とのデートは刺激的で、ものすごく楽しい。

彼は20代前半で起業し、現在も若手起業家として活躍していますが、やはりそのモテ方は相当なものでした。女が惹かれ、男性が目指すべきは、リスクを恐れず起業してしまうほどの度胸と行動力だと思います。

♂男は度胸、女は愛嬌

「男は度胸、女は愛嬌」という古いことばがあります。

私はこのことばに対し、「なんたる性差別」などと思っていましたが、最近になってようやくその意味がわかってきました。

これ、**男女のモテる要素を表した最強の一文**なんです。無駄なワードが一切ない、完璧なセンテンスで、どんな男女がモテるのかを教えてくれています。

私はあの日、魔人ブウに出会ったことで、「私の彼氏は楽しいことより〝万が一〟を考える、慎重で度胸のない人なんだ」と思い知らされました（もちろんこの一件だけではなく、数年間の積み重ねですが）。

当然、そんな堅実な生き方を否定はしません。でも、なんだかガッカリしたのです。

この人と歩む人生に、おもしろい展開など一切待っていないんだろうな、と感じてしまいました。女にそう感じさせたら、その交際はもうおしまいです。

それからしばらくして、私は彼と別れました。別れて数年経ちますが、その間、彼は1度も彼女ができていないようです。いわゆる「すごくいい人」だけど、女に対しておもしろみも刺激も与えられない人だから、仕方がないと思います。

女性が男性を選ぶ基準は「**自分の人生をいかに楽しくさせてくれる存在であるか**」この一点に尽きると最近感じています。

そしてそのためには、ある程度の「度胸」というものが必要だとも。

度胸って少し抽象的なことばだけど、《**おもしろいと思ったことに戸惑いなく挑戦できる力**》のことです。たくさんの楽しいイベントを与えてくれる男性を、女は手放せないのだと思います。

なかでも個人的にオススメなのは……

♠全然予定していなかったのに、突然の弾丸旅行を提案する

『弾丸トラベラー』という女優やモデルが弾丸旅行をする番組もありましたが、あれは女の憧れです。シンデレラ気分を味わえるんですよね。「え!? 急に!? 今から行くの!?」って、もう、ものすごく刺激的だし、相手の男性に度胸と行動力を感じます。
〈**マジメで誠実な男**〉**より**〈**度胸のある男**〉がモテる、これが世の中の男性が気づいていない恋愛の非常識です。

みてみて！魔人ブウ！
1回0円
えっ
川べりの柵に紐でつないである！
バンジージャンプ1回0円だって！やろうよ！
ジャンプ1回0円
え…いやでも危ないよ…
イタズラの犯人がどこかで見てるかもしれないし…
ぬいぐるみに触った瞬間「本当は1回1万円」とか言ってカツアゲされるかもしれないし…
やめとこう
こいつ…
おもんな！

「好きなタイプは？」には〝占い師の心〟で答える

異性との出会いの場やサシ飲みで必ず登場する「好きなタイプは？」という質問。この質問に対するベストな回答を、私は知っています。祇園の高級クラブで〝毎回初対面の異性と飲むこと〟を仕事にしている私なりの見解を公開します。

Q 「好きなタイプは？」に対する最適な答えは？

A 占い師のように答えを抽象化すること

これです。**具体化ではなく、抽象化（ますますわからなくすること）**です。

男性のなかには、「その場でその質問をしてきた女性の特徴を言う」という人がいます。

でもそれサムイです。そんな白々しいことされたら冷めます。男女ともにそうですよね。

じゃあ具体的にどう言えばいいのか、これから詳しく説明していきます。

NG回答例

たとえば、昔の私は合コンで「好きなタイプは？」と訊かれるたびに、こう答えていました。

「顔が濃い人」


これではモテません。

いや、モテなくても顔が濃い人にさえ好かれればいいと思ってたけど、これでは顔が濃い人からもモテないんです。

なぜなら、実際に顔が濃い人は自分のことを「濃い」と認識していない場合が多いし、私が思う「濃い人」がどの程度の濃さなのかも本人はわからないから、相手は怖くてアプローチができません。

ただ単に**「異性の顔にうるさそうな奴」**だと認識されます。

下手したら、「自分のことを棚に上げて」「相手の容姿へのこだわりが強い」「嫌な奴」だと思われてもしょうがない状況です。

同様に男性がよく言いがちな、

「石原さとみが好き」

「AKBの○○ちゃんのファン」

みたいな発言も、すべてマイナス要素となってしまいます。

だって、佐藤健やジャニーズが好きだと公言する女のことを、男性はどう思いますか？

「そんなドイケメンが好きなら、俺なんかムリだな」って思いませんか？　女も同じです。


見た目だけでなく、中身に関しても注意が必要です。

「頭がいい人」

「料理がうまい子」

「よく笑う、笑顔が可愛い子」


このあたりの特性をバシッと伝えてしまうと、「じゃあ自分じゃないか」「私は笑顔褒められたことないしな……」と自ら落選を悟り、スッと1歩引かれてしまいます。

つまり、**勝手に辞退者が出る**んです。

たとえば、女が言いがちな「頼り甲斐のある男性がタイプ」という発言は、長男には大層響くかわりに、次男や末っ子には「ああ、俺真逆じゃん……」と思わせてしまいます（末っ子男子談）。

こんなふうに、自分の意図せぬところで辞退者を出してしまうと、その瞬間からモテません。人は自分を落選させた（と内心で思っている）異性に対しては、もうハンパなく当たりが強くなるんです。そして合コンなどの出会いの場では、1人の態度が他のメンバーにも伝染します。

モテという現象は、その場にいる多くの人から認められないと発生しないんです。

たとえ「あの人いいよね」という人間が1人だけいたとしても、まわりの人間からの「え〜そう？　でもちょっと笑い方下品だったよ」「うん、ちょっと無理」という発言ひとつで株が爆下がりします。

そのため、男女ともに初対面の異性に本心をそのまま伝えて無意識に敵（辞退者）をつくるやり方は、失敗になりやすいです。オススメしません。

♂ 実際にモテる神回答3選

じゃあ一体どういう答えが正解かというと、私が50回以上もの合コン現場で見てきた正解例はこれです。

「好きなタイプは？」に対するモテる神回答3選

♠「まだ自分の魅力に気づいていない人」
♠「無人島でも生きていけそうな人」
♠「自分と違うタイプなのになぜか居心地がいい人」

こういうボヤッとしたものに尽きます。最初に言った**【占い師のように答えを抽象化する】**ってやつです。

ポイントは、あくまで〝本心〟であること。嘘は話しているうちに内容が薄っぺらくてバレるので、良くありません。

この３つは私がよく使っていた「好みのタイプＴＯＰ３」なんですが、どれも抜群にウケがよく、それなりにモテました。

もちろん、男女ともに使ってもらえます。

次に、この３つの発言にどういった意図があるのか、順に説明していきます。

①「まだ自分の魅力に気づいていない人」

私のタイプは〝自分自身に適度に無頓着な人〟。逆に苦手なのは、自意識過剰なナルシストです。

だからと言って「ナルシストじゃない人」と言うのは角が立つので、こういう**ちょっとミステリアスな言い回し**に変換します。

みんなが「優しい人〜」「おもしろい人〜」などとベタな回答をするなかで、1人だけこれを言うと、「えっ何それ初めて聴いた！　どんな人？」となり、自分に注目が集まります。合コンなどで使うとたった一言で〝**忘れられない印象的な存在**〟になるのでオススメです。

②「無人島でも生きていけそうな人」

私のタイプは〝顔が濃くて原始人のような思考回路を持つ男性的な人〟。そういう人は無人島で生きていけそうな雰囲気を持っています。

しかし、一般的にほとんどの男性は、自分のことを「無人島でも生きていけそうな奴」だと評価しています。そのためこの発言は、多くの男性に「俺じゃん」と思わせることができ、モテが加速するんです（あなたが男性の場合、「海が似合う女性」とかに変換して使ってみてください）。

③「自分と違うタイプなのになぜか居心地がいい人」

②と同じく、すべての異性に「自分のことだ」と思わせることができます。

なぜなら、**人はみな自分の存在が他者にとって居心地が悪いなどとは考えていないから**です。

この3つに限らず、私が正解だと思う回答は無限にあります。

♂全員にコッソリ「それ私じゃん」と思わせたら勝ち

これらの言い回しのポイントは、《**ものすごく限定的な言い方をしているように感じるのに、ほとんどすべての異性に「それ俺じゃん」「私じゃん」とコッソリ思わせることができること**》。

たとえばAKBみたいな子がタイプの男性は、「AKBの○○ちゃんみたいな子」と正直に言うのではなく、AKBが好きという本心を残したままで、「美人とかじゃなくて、クラスではそんなに目立つタイプじゃないけど、実は隠れファンがいそうな子」とでも言っておく。それはまさにAKBです。

でも、それを聴いたほとんどの女性はこう思います。

「それ私じゃん」

たいていの人間は、自分に対する評価が現実よりも少し高いです。だから、そこを絶妙に突くような言い回しをします。

そうすれば、多くの異性から「それピンポイントで私じゃん」「そういう人がタイプなら好かれるかも」「この人に好かれたら自分はそういう評価になれるのか」という正の感情を抱かせることができるんです。

「それ私じゃん」と思わせればいいと言っても、目の前の異性の特徴をバカ正直に羅列《られつ》するなんて能のない行為は当然オススメしません。そんなのはただの〝ネタ〟にしかならないからです。

そうではなくて、ガチで狙う。

あくまで相手の心のなかで、「えっ、その特徴って私かなり当てはまるかも……」「それ実は俺じゃん、ってことはイケるかも」と〝**コッソリ**〟**思わせたら勝ち**。あくまでコッソリ。

これが「好きなタイプは？」に対する最適解だと私は思います。

♂合コンでは〈占い師〉の立ち振る舞いが1番モテる

実はこの「それ私じゃん」と思わせる戦略って、〝占い〟とまったく一緒なんですよね。誰にでも当てはまるボヤッとしたことを、具体的に聴こえるような言い回しで装飾して、相手に「当たってる……！」と思わせる戦法。

占い師「あなたは実は短気でまわりと波長が合わないタイプだから……」
依頼人「すっすごい！　当たってる……！」

構図としてはこれと一緒です。

みんなに当てはまることを言われてるのに、当の本人は自分だけに当てはまってると思ってしまうんです。そして相手を信用します。

私はおそらく、人より多くの合コンの場に参戦してきて、自分や周囲の実戦を数多く目にしてきましたが、**合コンでは占い師のような立ち振る舞いが1番モテます。**

モテる男女は、言動のすべてにおいて相手に「それって俺じゃん」「私じゃん」とコッソリ思わせる技術を持っているんです。

どんな女性がタイプなんですか？
うーんそうだな…
オレは女優の新巻結衣かな！
ああいう顔が好き！
ふーん勝てるわけねーし
つかオメーにはムリだし
おまえは？どういう女がタイプ？
萎えモード
え？オレは…
一緒にいて居心地がいい子かな
ガタッ
それならイケる

好きな人には感情を隠さず具体的なことばで伝えるべき理由

これは、私が大学に入って間もない頃の話です。

▼同じ大学で知り合った男A……【ガリガリの佐藤健】

佐藤健似の塩顔に１８０ｃｍを超える長身、痩せた体、大きな喉仏と低い声、しかしオタクゆえに動画配信サイトで女声で生放送をするという少し残念なちょいイケメン。出会ったその日に、私のことを「好みのタイプ」だと言って近寄ってきてくれた。

▼同じ大学で知り合った男B……【ガリガリの東幹久】

同じ学部の同学年で内気な性格、平均的な身長に異常なほどの痩せ型、自身のことを「俺」とも「僕」とも呼ばず「こっち」と呼ぶ変わり者。彼は私をタイプとは言わなかったけど、飲み会ではいつも隣の席を陣取っていた。顔がとても濃く、東幹久に似ている。

入学して2ヶ月後、私はこの2人のどちらかと付き合いました。もともとは同じくらい好きだったので、３人でうちで遊んだこともありました。今回はそんな話。

たった1つの違い

結論から言うと、**私はガリガリの東幹久（以下ガリ久）と付き合いました。**

それはガリガリの佐藤健（以下ガリ健）が女声で生放送をしていてキモかったからじゃありません。

ガリ久のほうが自分の胸の内を具体的なことばにして伝えてくれることが多かったからです。

もう本当にそれだけ。

ガリ健は「好み」だと言ってはくれたけど、それが本当なのかどうかわからなかったし、飄々《ひょうひょう》としていて何を考えてるのか全然わかりませんでした。

かたやガリ久のほうは、好きなんて言ってくれたことはないけど、飲み会でしれっと私の隣に来てこんなことを言うんです。

「ずっとこの席空かないかなと思ってた」

「話したくて見てたけど、ずっと隣に男の先輩くっついてたよね」

「高校時代モテたでしょ？」

「好みのタイプ」とテンプレ的に言われるよりも、こっちのほうがずっと効きます。

その女に対して実際に自分がどう思ってるのか、どう見えてるのか、タイムリーかつリアルな感情を伝えるほうが、女の心は動くし嬉しい。

この人と付き合ったら《心が通じ合う快感》みたいなものを感じられるんだろうな～と思ったし、実際そのとおりでした。


どれだけ話しても、脳の作りが違いすぎて心が通じ合わないタイプの人間は、男女ともに結構います。

その手の人間はどれほどイケメンでも私は選ばないし、他の女子もそうだと思います。いわゆる「観賞用」ってやつ。


それよりも、気持ちをことばにするのが上手い人、包み隠さず胸の内を伝えてくれる人のほうが、コミュニケーションを取ったときの満足度が当然ながら高いです。

♂極めつけのことば

女にとって会話って、男とするより女（同性）とするほうが楽しいことが多いです。

そうじゃない人ももちろんいるし、性差よりも個人差のほうが大きいと思うけど、やっぱり男よりも女のほうが会話に具体性と感情の機微《きび》があって楽しいと私は思います。

「好みのタイプです」という具体性のない事実だけを一方的に聴かされても、正直あまり響きません（男性はやりがち）。

それを言うなら、

「俺はこういう目とこういう鼻が好きだから、キミの顔はものすごくタイプだし、話してたらめっちゃドキドキするし楽しい」

これくらい言って欲しい。

ちなみに、私はかつて1度だけ既婚者を好きになったことがありますが、その彼はこれくらい言っていました。

その既婚者の彼が放った、極めつけの一言がこちら。

「俺ほど○○ちゃんの顔がタイプの男っていないと思うんだよな〜」

これはある意味全力で失礼だけど、男性は騙《だま》されたと思って使ってください。

女に限らず、**人は「この世で一番自分を高く評価してくれる異性」を求めている**フシがありますよね。その感情にクリティカルヒットします。

「えっ私、この人といたら一生自己肯定感高くいられるの？」

「世界で一番私のことを好いてくれる人ってこの人なの？」

って感情になるんです。

これはぜひオススメしたい。

あなたがもし男性なら、女性との会話では**《具体的な感情をリアルタイムで報連相すること》**を意識して好意を伝えてみてください。

おっす〜
可愛いね!?
オレの好み!
しゃべろうぜ〜い!
は、はぁ…
好《この》み
好《この》み
あぁ…
なんかこの人の言う
「好み」って
具体性が一切ないし
日替わり弁当的な
感じがする…
即興感…
ふぅ…
やっとどっか
行ってくれた
すごく
つかれた
あ、あの
ん?
隣に座っても
いいですか?
ずっとこの席
空かないかなって
思ってて…
すごくいい

容姿は〃まわりを巻き込んで〃褒める

よく、女性（とくにキレイな女性）は外見を褒められ慣れているから褒めなくていい、内面とか他のところを褒めろ、差別化だ、という男性視点の恋愛ノウハウを見かけます。

違います。外見はどれだけ褒められても嬉しいです。

むしろ、年を取れば取るほど言われなくなっていくのだとしたら、今は1回でも多く褒められたい。もうとにかく、もてはやされたい。だから出会いの場に行くんです。言われたくなかったら家でじっとしています。

好みの女性に出会ったら、ルックスを賞賛してください。

そしてありがたがって喜んでください。

男性が自分に対してどれほど価値を感じているかで、女の対応は変わります。

男性だってそうですよね。ルックスを褒められて嫌な人はいません。

何度でもしつこいくらいに褒めましょう。それによってナメられたりはしません。

【NG例】女をあえて褒めずにマウントを取ろうとする姑息な考えが見える

女性を褒めすぎることで上下関係ができることを気にして、「あえて褒めないでおこう、いやむしろ貶《けな》すべきか……」とかいう姑息《こそく》な思考が見えると一気に萎《な》えます。

こういう男性、よくいます。手練《てだ》れのナンパ師に多いです。

バレます。

とくに、普段から褒められ慣れてる女性にとっては、言われないほうが不自然です。「あーこの人、容姿のことは絶対に言わないようにしてやがるな、意地か作戦か……」ってすぐにわかります。

たしかに、世の中には「女性を褒めるのは逆効果だ！〝かわいいね〟を安売りしてはいけない！」というノウハウが溢《あふ》れています。でも、はたして本当にそうでしょうか？

自分を褒めてくれる異性と褒めてくれない異性、あなたはどちらに惹かれますか？

もうその手の話を信じるのはやめましょう。

気取らない素直さこそが、万人受けするモテ要素です。

Q どういう褒め方をされると、いいなと感じる？

A 〝まわりを巻き込む言い方〟で褒める

男性が女性を褒めるとき、ただ「かわいい」を連呼するだけでは嘘臭くなってしまうので、**《自分が感じたことを〝まわりを巻き込んで〟伝える褒め方》**がオススメです。

女性が喜ぶ褒め方

- ♠「今すれ違った男にめっちゃ見られたんだけど……たぶん嫉妬された（笑）」
- ♠「すごい人の視線集めるよね、いつもそうなの？」
- ♠「たぶんみんな感じてると思うけど、キミは本当に賢いから話してて楽しい」

このあたりをちょいちょい投下すれば、女はすぐに気持ち良くなります。

男性の「可愛いね」「美人ですね」はどうしても具体性に欠け、薄っぺらく聴こえてしまうので、こうしてまわりを巻き込む言い方のほうが説得力が増し、女性を喜ばせることができます。

おねぇさん達 どうしたの～ 葬式帰りみたいな 顔してさ(笑)
そんなんじゃ ほうれい線のシワますます 濃くなっちゃうよ!
オレが楽しませるから 飲みに行こうよ!
あっ おねぇさん達 2人で飲んでるの?
オーラないから 隣にいるのに今まで 気づかなかった～ なんちゃって(笑)
初対面ディス やめろや…

女にメニューを選ばせるのは、優しさじゃない

飲食店デートで料理をオーダーする際、男性はおもに3つのパターンに分かれます。

■男性のオーダー対応3パターン

A. 勝手に決めるクン

居酒屋などの料理をシェアするタイプのお店で、すべてのメニューを勝手に選ぶ人。それが男らしいと思っている

B. 女に選ばせるクン

同じくシェアするタイプのお店で、女にメニューを渡してすべての料理を選ばせる人。それが優しさだと思っている（私はこのタイプの男性がわりと好きだけど、どうしても遠慮して少なくオーダーしてしまうし、店で1番高い料理もスルーせざるを得ない。つまりこれは優しさではない）

C. 一緒に考えるクン

2人で一緒に考えて選ぶタイプ。優柔不断な性格 or お金のない若者に多い

正直、私はこのなかのどれもオススメしません。

飲食店のオーダー時には、必ず言うべきセリフがあります。

そのセリフを言えるタイプの男性を名づけるとするならば、**《正解を知ってるクン》**です。


今からお伝えするセリフは、**私が世の中のすべての男性にオススメしたい、飲食店デートで使える万能フレーズ**です。安い店では笑いに変わり、高い店ではデキる男を演出できる、二面性を持つ不思議なことばです。


このセリフが言える人間は私が働くクラブ常連の若手エリート社長だったり、芸能人クラスのハイレベルな男性に多いです。

彼らは女性とのデートでどう振る舞うのが正解か、どんな言動をすれば致命的なミスを犯さずナチュラルに自分の評価を上げられるのか、すべてわかってるんですよね。

ここでは女性に「好きなメニュー選んでいいよ」と言うのが優しさだと勘違いしている男性に向けて、私が考えるベストなオーダー方法を紹介します。

♂オーダー時に必ず言うべき一言

「1番オススメでお願いします。金に糸目はつけません」

これ。このちょっとビビるセリフを、オーダーを取りに来た店員さんに伝えるんです。「金に糸目はつけません」の部分は、「値段は気にしないので」とか「何万とかしなければ大丈夫です（笑）」みたいなフランクなものに変えても良いと思います。実際、ほとんどの人はそう言いますしね。

でも私はこの「糸目はつけません」っていうセレブのような物言いをする男性（かつて1人だけいた）がツボすぎて、今では自分自身でもよく使っています。

この発言は格安ラーメン屋で言ったらシンプルに笑いが取れるし、高級イタリアンで言ったら笑いを取りながらもデキル男感を演出できるので、もうどちらに転んでも痛くない万能フレーズなんです。

ゆえに、男性にはめちゃくちゃオススメします（とはいえ男性の年齢やキャラクター、相手女性との関係性によってはスベってしまうので、注意が必要です）。

この発言によるメリット

①シンプルに笑いが取れる

一緒にラーメン屋に行った男性が「あ、店員さんのオススメお願いします！　金に糸目はつけません！」とか言ったら私はすぐ好きになってしまうし、そこで運ばれてきたのが700円くらいのこってりラーメン1つだったらもう結構おもしろい。「チャーハンつけてくれへんってことは貧乏に見られとるやんけ！」とか言ってひとしきり笑えます。

つまりこういう**個別注文×低価格帯のお店での「金に糸目はつけません」発言は、100％笑い目的で使えます**。ただし、前述したように、自分や相手の年齢によっては少し場違いになってしまうこともあるので、注意してください。

②相手を満足させられる

居酒屋や大皿料理のレストランみたいに〝料理をシェアするタイプのお店〟で店員さんにオススメを訊いてくれる男性は、正直かなりデキるタイプだと思います。

だってこの一言によって、店がそんなにオススメしてない2軍メニューを選んでしまう可能性をなくせるうえに、その場でもっとも自信のあるメニューの情報をGETできるわけです。クイズ番組でいえば、常にヒントをもらう権利を与えられているようなもんで、使わない理由がありません。

女同士で居酒屋や食事に行くとみんなよくやるのが、**その店で1番人気のメニューを店員に訊くこと**。これは私も毎回やります。女性は常にそのとき巷で1番人気があるものを好みます。だからタピオカとかパンケーキとか、流行《はや》りものに飛びつきますよね。

これは単に流されやすいというよりも、**大衆の意見をかなり信頼しているゆえに起こす行動**だと思います。自分に当てはめてみると、この感覚が1番近いんですよね。食べログ評価の高い店に行きたい！　みたいな感じ。

それは有名ラーメン店に行列を作る男性心理と変わらないんじゃないでしょうか。

つまり人って（とくに女って）、〝他人からの評価が高いものを食べるとある程度満足できるんです。もちろん個人の好き嫌いがあるからアタリハズレも当然あるけど、それでも「評価の高いものを食えた」っていう別の満足感があります。

なので店のオススメメニューを選んでおくことは、女性心理を考えると非常に有効なんです。必ず訊いておきましょう。

③デキる男感を演出できる

「お金を気にしない」という気持ちを示すことは、本当に食事を楽しむ上ではかなり重要です。もちろんそれを言った手前、男性側が奢《おご》るしかなくなりますが、前述したとおりこれはラーメンでもいいいんです。女と少し良いレストランに行って割り勘をするくらいなら、ラーメン屋や吉野家で牛丼を奢ったほうがいい。それくらい、誘った側の割り勘は冷めます（男女関係のない間柄で行くラーメン屋、とかなら別会計で当然問題ないですが）。

「金に糸目はつけないんでオススメを！」という発言は、笑いを取りつつも女に「さすが大人だ」「この人との食事は気を遣わなくて楽しい」と思わせることができるうえ、そう言われた店員さんがここぞとばかりに1番高いメニューを提案してくることはまずありません。

客に信用された手前、たいていその店の平均〜少し高いくらいの値段で、自分がベストだと思うメニューを提案してくれます（私がこれまで見てきたケースはすべてそうでした）。

男性側が1番高いメニューを避けると女から「ケチの烙印《らくいん》」を押されかねないけど、店員さんが選んだとなれば言い訳が立ちます。必ず利用しましょう。

こんな理由で、私はこの**【オススメを訊く＋値段は気にしない発言】**をする男性にかなり好印象を持ちます。

別に高いものを奢らせたい！　とかではまったくなくて、本当に別会計のラーメン屋とかでもいいからこの発言をして欲しいんですよね。

世渡りのうまさとか、ほんの少しのユーモアを見せて欲しい。

「オススメでお願いします。金に糸目はつけません」

このセリフは本当に万能。

もしもあなたが女性なら、笑いを取って好きな男性との距離を詰める目的にも使えます（もちろん安い飲食店での別会計か、自分が奢るとき。高い飲食店で相手に奢ってもらうシチュエーションでこんなこと言ったらおしまいです）。

男女ともに、騙されたと思って使ってみてください。

好きなもの頼んでください
あっ…ありがとうございます
うーんこの黒毛和牛ステーキ食べたいけどこのお店で一番高いし
遠慮のない女だと思われるからさすがに頼めない…
MENU
じゃあ私普通のカルビで…
そう？
当店では黒毛和牛ステーキをオススメしておりますが…
いやカルビが良いそうなので
……
ππ

元旦当日のあけおめＬＩＮＥは必死すぎてキモい

今年の元旦の朝3時、ようやく年越しイベント（神社でカウントダウンしながら食べ歩いてた）が終わってスマホを見た私は、いろんな男女から「あけおめ」連絡が来ていることに気づきました。

そしてもれなく、「返すのめんど」と思いました。

私の2020あけおめ受信ラインナップ

♠過去のコミュニティの先輩（30代♂）
♠過去にお世話になった人（50代♂）
♠過去に飲み会とかで知り合った男（20代♂）×4人
♠同じコミュニティの男（20代♂）×4人
♠同じコミュニティの女（20代♀）×2人
♠元カレ（20代♂）
♠女友だち（20代♀）×2人
♠お客様×10人くらい

1番最後の〔お客様〕を除けば、たぶん一般的な20代の女が受け取るあけおめLINEの平均量、いやそれよりもやや少ないと思います。

このなかで、「あわよくばもう1度連絡を取り合って飲みにいけますように」という希望を込めてLINEを送ってきている男性がいます。

♠過去に飲み会とかで知り合った男（20代♂）×4人

これ。だって彼らとは、今年1度も会ってすらないから（他の人とは全員もれなく定期的に会ってます）。

それなのに、送ってくれた4人のLINEは0時ピッタリだったり年明け5分後だったり、もうとにかく**「僕は今夜自宅で家族とカウントダウンTV観てました！　そんで暇だったんで即送りました！」**って状況が一目でわかるようなタイミングのものが多くて、なんだかそれはすごく逆効果だと感じました。

あけおめLINEって、絶対に元旦に送ってはいけません。もうそんなのどう考えても「私生活つまんない奴」だし「返すのめんどい」し「埋もれる」し、何1ついいことがないからです。

あけおめＬＩＮＥを送ること自体はいいことだけど、日付の変わる瞬間とか元旦当日に送るのは逆効果。これは少し考えれば誰でもわかることだと思います。

じゃあいつ送るのが正解か。**それはズバリ、1月2日**。

元旦みたいにガツガツせず、三が日以降のように引き過ぎず。

その絶妙な立ち位置を演出することができるのは、元旦の翌日である**【1月2日の夜】**以外にありません。

初売りという新年の一大イベントが終わり、帰って一息つきながら正月特番を観てるタイミング。さすがに新年会や同窓会にはまだ早いし、居酒屋も開いてないので大抵の人は家にいます。このタイミングで送られてきたＬＩＮＥには、私はしっかり目を通します。

いや、たぶん大体の人は無意識にそうしてると思うんです。だって埋もれないから。

普段あまり連絡を取り合っていない人や、興味関心のない異性からの連絡は、一歩引いた〝翌日〟がいい。

くれぐれも、元旦の0時ピッタリに送って相手を「めんどど」にさせないようにしましょう。

ガャ　ガャ
1
2
3
4
5
HAPPY NEW YEARーーー！！！！！
バーーン
わい
わい
ん？
ワァアアアア
ピピピ
こいつら…ヒマか！
あけおめ！去年は大変お 0:00
HAPPY NEW YEAR！オレの事 0:00
あけましてオメデトー☆ 0:00
ついに年が 0:00
ました！今

ある言動を見れば、〝その男性が女ごころをわかっているかどうか〟が一瞬で見抜ける

世の中には、〈女ごころをわかっている男性〉というものが存在します。

それは単に女兄弟（姉か妹）がいたり、本人の脳自体が生まれつき女性寄りだったり、1人の女性とじっくり付き合った経験によって身に付いていたり、実に様々なパターンがあると思うんですが、**ある言動を見れば〝その男性が女ごころをわかっているかどうか〟を一瞬で見極めることができます。**


それは、**デートの解散直後の「今日はありがとう！」連絡の早さ**です。

男性って家に帰ってシャワー浴びてしばらく経った頃に「無事に帰れた？　今日はありがとう」とか送ってきますよね。遅すぎます。

女同士の場合、バイバ～イって手を振って前を向いた次の瞬間に、もうLINEを開いて《今日の感想》を送り合っていたりするんです。

女って「今日の自分の振る舞いに間違いはなかった、2人の関係はよりいいものになった」と示し合って安心したい生き物なんですよね。

女同士のバイバイがやたらと長いのもこれが理由です。3回くらい振り返って、見えなくなるまでバイバイし続けているシーンを見たことがありませんか？

これは、**「お前、今日よかったよ。私もよかっただろ？ 楽しかったよな？」ってという友情の確認作業**をしているところなんです。

男性の場合、心のなかでは思っていても、それを行動で示してくれる人はなかなかいません。バイバイ作業わずか1回のみという信じられないスピードで、振り返らずにスタスタ歩いて行ったりする人もいます。

そんなの、「今日のデートはつまらんかった」って言ってるようなもんです。せめてバイバイ2回はしよう。

一方で、**〈女ごころをわかっている男性〉は見えなくなるまでバイバイをした挙句、その直後に《今日のお礼と感想メッセージ》を送ってきたりします**。これは強い。

女側からすると、「相手も楽しんでくれてたんだ」という安心感と、「自分は間違ったことをしなかった、無事うまくやれたらしい」という達成感をすぐに感じることができます。

Q 解散直後に連絡すると、「がっついてる」って思われない？

A 解散直後はまだ〝会っているときの延長線〟だから大丈夫

私が恋愛に悩む男性に《デート解散直後のありがとう連絡》を提案すると、決まって「でも、がっついてるって思われたら嫌だし……」と言われます。

しかし、解散直後はまだ〝会っているときの延長線〟のような感覚なので、女側からすると〝がっついている印象〟はとくにありません。

反対に、バイバイして数時間後の家でメイクを落としてまったりしている時間帯や、アポ翌日にわざわざ「ありがとね」的な連絡が来ると、「この男性はまだ私のプライベートな時間に入り込んで来るのか……」とうんざりしてしまう女性もいます。

ありがとう連絡を早々に済ませ、当日深夜や翌日に連絡がない場合、さっぱりし過ぎて逆に淋しく感じるので、女性側が次のアポに応じやすくなるメリットもあると思います。

バイバ〜イ
またね〜
あはは
来週ね〜
STATION
気をつけてね〜
ふふ
女子のバイバイって長いですよね
改札の前で長いこと手を振って…仲が良いんだなぁ
いやあれは別に仲が良いから長いわけじゃないよ
え？
女目線で注釈をつけるとこう！
お前、今日よかったよ。私もよかっただろ？楽しかったよな？
あぁ、良い時間だったな。私たちの仲、深まったな。また遊べる関係性を今日も無事に築けたな。安心して帰れ！
そ…そんなこと思ってたの!?
あぁ 本当に仲が良かったらスッと帰る

交際前の言動は、アラジンを見習え

映画「アラジン」で、主人公のアラジンは、返しそびれたブレスレットを渡すため姫のもとを訪れました。しかし、その場でまたも彼女の髪飾りを奪い、「明日返すから」と翌日のアポを取りつけます。

私はこの映画を観たとき、この**《スムーズなアポ取り》と、《身分の違いを理解した上で言い訳を与えてくれる気遣い》が、彼が芯の強い女性を落とせた理由**だと感じました。

♂芯の強い女を落とすには、〝スピード感〟と〝言い訳〟

私は、映画『アラジン』に登場する王女・ジャスミンを見たとき、その我の強さと自己主張の強い性格が、すごく自分に似ていると感じました。

同時に、主人公・アラジンが繰り出すジャスミンへのアプローチ方法も、自分がこれまで付き合ってきた男性たちと共通していることに気づいたのです。

両者の大きな共通点は、〝スピード感〟と〝言い訳〟でした。

初めて付き合った男性とは、出会った翌日に付き合いました。彼は私より年上で、出会ったその日に交際の申し込みと、翌日のデートの打診をしてきました。

相手が自分に夢中になって、自分のためだけに土日を使っている様子を見せられるのは、私の性格上かなり効いたんです。

次に付き合った男性とは、知り合ってからの期間は長かったものの、交際直前は怒涛《どとう》のデートで常に一緒にいました。

それも必ず「赤点対策をするから」だとか、「1人だと怖いホラー映画を観るため」だとか、なにかと理由をつけて誘ってくれます。

おかげで私は「こんなにOKを続けたら、簡単な女だと思われてしまってよくない」という、恋愛ノウハウ的な教えを気にする必要なく、何度もデートに応じることができました。

思い返せば次の彼氏も、そのまた次の彼氏も何かしらの「言い訳」を与えてくれています。

ジャスミンも、アラジンに「髪飾りを返してもらうため」という大義名分を与えられたからこそ、まだよくわからない男と連日会うことを自分に納得させられたのだと思うんです。

♂アラジンの純粋さは、女にとって言い訳になる

もしもアラジンが、

「オレ来週なら偶然空いてるんだけど、会う？　とくに用事はないけど、君も会いたいでしょ？」

なんてジャスミンに言ってしまっていたら、秒速で断られて関係は終わっていたと思います。

ちなみにこの手のセリフは〔恋愛ノウハウを少しかじった男性〕がよく使っているお決まりのフレーズです。

自分の時間を〝価値があるもの〟だと感じさせるために忙しいフリをして、「この日だけはたまたま空いてるよ」などと提案し、「本当は超忙しいけど、キミに会う時間をわざわざつくっているんだよ」とうっすらアピールしてきます。

どうやら、そうやって相手に自分の価値の高さを錯覚させるテクニックのようです。

私も実際に男性から使われたことが何度かあります。

しかし、実際に使われた側の感想としては、これは「シンプルに不快」です。

あなたが取引先の営業マンからこんな態度を取られたら、どう感じるでしょうか？

「やり手の営業マンだなぁ」「この人は優しいなぁ」……純粋にそう感じられますか？

おそらく、それなりに多くの人間と接してきた人が抱く感想は、「姑息だなぁ」「相手に気を遣わせるなんて二流だなぁ」です。


アラジンの魅力的なところは、「僕のほうが君に夢中なんだよ」という態度をまるで隠さず、「好きだということがバレたら失敗するから気のないフリを」なんてダサいマウント思考もなく、ただ次の日も会いたいという純粋な気持ちだけが見えていたところです。

彼は盗人なのに、心がまったく擦れていない。

〝ダイヤの原石〟と呼ばれる理由はここにあると思います。

自分の気持ちに正直で、それによって損をするとか、恥をかくとか、そんな心配を一切していない。そういう純粋な猪突猛進タイプの男性は、自己肯定感が強くプライドの高い女に〝言い訳〟を与えてくれるんです。

「彼が必死だから断れなくて……」と交際に踏み切る女性は多いですよね。

同じ女として、その手の心理は非常によくわかります。

♂女のプライドは逆に利用できる

多くの女性は、〝自分の気持ちを露呈させずに会う大義名分〟が欲しいと考えています。だってそうじゃないと、「男にガツガツしてるみっともない女」だと言われてしまいかねないからです。

数年前から「肉食女子」なんてワードがちらほら囁《ささや》かれてはいますが、それでも男にグイグイ迫る女が市民権を勝ち取ったわけではありません。私自身もどちらかと言えば肉食のほうですが、それでもやはり人目は気になるものです。好きな人を追いかけるあまり「必死な女」なんて思われてしまうのは、女としてのプライドが傷つきます。

同様に、そんな理由で好きな人にアクションを起こせない女性ってめちゃくちゃいるんですよね。私が知る限り、もう過半数以上と言ってもいい。男性にとっては、おそらく残念な事実です。

でもこの手の女性心理って、考えようによっては逆に利用できます。

だって**〈大義名分を与えてくれないイケメン〉よりも、〈理由をつけて誘ってくれるフツメン〉のほうが、多くの女にとってありがたい**わけですから。

男性はアラジンを見習って、女性に言い訳を与えてあげてください。

①オレ様系
オレ今週の木曜と来週の火曜だけ予定空いてるけど
どうする?
②奴隷系
えっと…キミの都合にぜんぶ合わせるからサ
空いてる日教えてくれない?いつ2人で遊べる?
③アラジン系
明日観たい映画があるんだ
でも恋愛モノだから男一人で行くの恥ずかしくて
人助けだと思って一緒に来てほしい
チケットももう買った
スッ
スッ
3
3
3

付き合ってすぐに言うべきことばは「うんこ」

突然ですが、私は10代の頃に付き合った元カレたちの前では、「うんこ」ということばを一切言えませんでした。

ハタチ前後で付き合っていた彼Aくんとは半同棲状態だったけど、もう「トイレに長時間こもる」という行為自体が恥ずかしすぎて、耐えて耐えて耐えまくった挙句しっかり便秘になりました。

しかしそれでもまだ恥ずかしかった私は、リビングでテレビを見ている彼に「ちょっと風呂場で足湯してくる」という謎の発言を残して浴室にこもり、なんとお風呂場でうんこをしたことまであります。便秘ゆえにウサギのようなコロコロうんこだったので、ティッシュで掴《つか》んで静かにトイレに捨てました。

とにかく「こしきちゃんがトイレにこもっている、これは……うんこだ！」という状況にさえならなければ、人としてアウトな行為（お風呂場うんこ）でもなんでも良かったんです。

それくらい、**女子にとって〝彼前うんこ〟は重罪**なんです。

一方で、そんな私がとある彼氏Bくんの前ではなぜかうんこを公言できました。

トイレに長時間こもっても、一切恥ずかしく思わない。このことを、私は常々不思議に思っていました。

「うんこ」がタブーのカップルは弱い

私はこのお風呂場うんこ事件の話をたびたびネタにするんだけど、先日この話に爆笑していたとある女子（21）がこう言いました。

女子（21）「私は彼氏と同棲してるけど、うんことかそんなの絶対言わないよ！」

私「えっ？　じゃあ相手が長時間トイレにこもった後はどうするの？　出てきた瞬間に〝うんこ？〟って訊かないの？」

女子（21）「そんなの訊かないよ！　普通にお互いスルー」

私「臭かったらどうするの？　ノーツッコミ？　長時間こもってても見て見ぬフリ？」

女子（21）「うん、うんことかオナラとかの話は1年半したことない」

……まだまだだな！　と思いました。

だって、カップル間でうんこやオナラの話がタブーだなんて、そんな互いの綺麗なところだけ見ていたいキラキラ上っ面な関係は〝家族〟にはなれません。

「うんこー？」「うんこー」みたいな素朴な会話ができないカップルってなんだよ。そんなカップルはもう相性が悪いと思うんです。

付き合って1年経っても「うんこ」というワードを回避し続けているカップルは、1度自分たちの関係を見直してみたほうが良いと私は思います。

♂結婚まで意識させる《男のうんこスタンス》

私がお風呂場うんこ事件に至った彼Aくんと、うんこを恥ずかしく感じなかった彼Bくんを比べると、相手の「うんこ」に対するスタンスがまったく違うことに気がつきました。

簡単に言うと、Aくんは「うんこ」を触れてはいけない恥ずかしいことだと思っていた一方、Bくんは羞恥心という概念がまるでなかったんです。

Aくん↓トイレに10分ほどこもった末にしれっと戻ってきて、無言

Bくん↓「腹痛い！　うんこしてくる！」と宣言して10分ほどトイレにこもり、「めっちゃ出た！臭いから1時間はトイレ行けへんで！」と謎に主張

女の「うんこ」に対するスタンスは、男性側のスタンスにかなり影響されます。

私もBくんとの交際当初は（あぁ……また風呂場でうんこしなきゃ……）と思ったものだけど、彼のこの「羞恥心って何？　うんこうんこ！」なスタイルに影響されて、交際2ヶ月目には私も「お腹痛いからトイレこもってくるー」と普通に言えるようになっていました。


これは私にとってはもうめちゃくちゃありがたいことで、「結婚するなら、うんこがタブーじゃない人がいい」と思うキッカケとなりました。

この人といると楽だなぁ……うんこも全然うしろめたくないし、オナラを我慢しすぎて腸がパンパンになることもない。便秘もガス溜まりも気まずい雰囲気とも無縁で、この人となら普通にカッコつけずに暮らしていけるんだろうな……。

そう感じたのを覚えています。

つまり**男の《うんこスタンス》は、女に結婚までをも意識させる重要な要素になり得る**んです。

♂すべての女性が抱える【うんこの呪縛】

これは私から男性にお願いしたいことなんですが、彼女ができたらできるだけ早く「うんこしてくるわ」と言ってください。できればサラッとオナラとかもして欲しい。

生理現象は恥ずかしいことではないし、俺たちの間でそれはタブーじゃないよね！　ってことを、男性側からどんどん示して欲しいんです。

そして世の女性たちを早く**【うんこの呪縛《じゅばく》】**から解放してあげてください。

そうしないと、あなたの彼女は苦しんでるかもしれません。風呂場やベランダ、公共施設や外のコンビニで、溜まりまくった便秘を涙目でひねり出してる可能性があります。私はそのせいで、脱肛や流血に至ったことまであります。

《女にとって、彼前うんこは重罪》

彼女がいる人や今後できる予定の人は、このことばを覚えておいてください。

そして目の前の女が囚われている【うんこの呪縛】を積極的に解くよう動いてあげて欲しいんです。

個人的に、そこまで考えて自分から「うんこ」と言ってあげられる男性はものすごくいい男だと思うし、年単位でそのタブー視を崩せない男性はいろいろと残念だと思います。

うんこの呪縛に苦しむ世の女性たちは、彼氏と2人で過ごす部屋のなかで便意に襲われたとき、必ずこう思っています。

「一緒にいるときにうんこなんてしたら、萎えて抱かれなくなるかも……女としてダメだよね」

その結果が便秘、脱肛、流血からのお風呂場うんこです。

それはめちゃくちゃ健康に悪いし、本末転倒感もハンパない。だから早く解放してあげてください。

完全に男性任せな解決策で申し訳ないけど、もうこれは仕方ないと思います。男性側がノータッチで澄ました顔をしてるのに、女側から言えるはずがないんです。

うんこオナラは男から。

この本によって、1人でも多くのカップルがうんこの呪縛から解放されることを願っています。

彼氏宅にて
なんでやねん
やははは！
ぐぎゅるるるるるっ
うっ!?
あっ、ちょっ、もう私帰らなきゃ！
えっ!? なんで!?
ご、ごめん 泊まる予定だったけど 急に用事思い出した っていうか…
と…とにかくサヨナラッ
バタン
オレ… 何かした…？
ズーーン
女はこのあとコンビニで めちゃくちゃウンコした

chapter2

男が勘違いしてしまう謎

「男は顔じゃない」は、残念だけどウソ

これはある日、深夜の京都で起こった話。

私が歩道を歩いていると、若い男3人の乗った車が突然スピードを落とし、私の隣をゆっくりと並走し始めました。その全員が身を乗り出してこちらを見つめ、声を掛けるに値する女かとニヤニヤ相談しています。

その姿を見つめ返して、お前らは何様なんだと窓ガラスを叩いてやりたい気持ちを抑えつつ、私は静かにやり過ごしました。そうしてなぜ彼らはイケメンでもないのにそんなことができるのか、不思議に思ったんです。

このお話は、かつて私がｎｏｔｅに書いた記事をリライトしたものです。

このテーマを公開した当初、多くの女性から大量の共感メッセージをいただいた反面、一部の男性から「こんなのデタラメだ。女は顔だけど、男は顔じゃないんだ」という意見を複数いただきました。それを見て、なるほどこれは男性がしている1番大きな勘違いだな……と感じたのを覚えています。

そこで、このテーマについて女目線からしっかり深掘りしていきます。

♂女から見える世界

道ゆく男性から顔をジロジロ見られる。そんなことは1度や2度じゃありません。

女として生まれた人間は、おそらく全員が通らなければならない、**知らない男たちからの顔審査**。

車のなかから顔を覗《のぞ》き込まれることもあれば、すれ違いざまに「サンカク！」と叫ばれたり、酔った男たちから点数を読み上げられることもあります。

ナンパのために立ち尽くしている2人組からニヤニヤと見つめられ、「おまえああいうのがタイプやろ」「全然ちゃうわ！」というやり取りを生で聴かされることもあります。

それはとても腹立たしく、恐ろしく、他の何を持ってしても言い表せないほど不快だけど、対抗策は「ひたすら我慢する」ことしかありません。

そのたびに私は、「早く子持ちのオバサンになって、男に査定されない世界に行きたい」と思います。

彼らは許されると思っています。

知らない女の顔をじっと見つめ、その評価を目の前で話し合うことを、男として当然の権利だと思っています。

巷によくある「女は顔がすべてだけど、男はブサイクでも他で取り返せる」という都合のいい教えを信じ、たとえ自分の容姿が劣っていても女を顔で選ぶことが許されると信じています。

そんな彼らに、私は言いたい。


それ、ブサメンの君たちには許されないよ。


認めたくないだろうけど、女の顔面審査を許されるのは、竹内涼真くんみたいな若いイケメンだけ。そこを勘違いして勝手に「女の顔面審査員」をやっているブサ男くんやオッサンが、世の中あまりにも多すぎる。

彼らのその行動は、**かえって女をイケメン好きにしてしまいます。**

私はこの現状に物申したい。

美人ほどイケメンを選ぶ現実

そもそも「美人は男の顔面を気にしない」とか、「ブサメンでも美人と付き合える」とか、頻《ひん》繁《ぱん》に言うけど実際はそうじゃない。

私のまわりのホステスたちや、美人の友人たちを見ていて、「本人は美人なのに彼氏はフツメン以下だな」なんて思ったことは、ただの1度もありません。

被験者は100人以上、その歴代彼氏全員がそうです。

一部の極端な芸能人カップルや、SNSで話題になる美女ブサカップルの写真は、「女が男を顔で選ばない事例」としてよく取り沙汰されるけど、私生活ではそういう組み合わせを見たことが本当に1度もありません。

たぶん、これを読んでる人たちのまわりを見てもそうだと思います。

というか芸能人でさえも、ほとんどの場合、顔面偏差値は釣り合っているんですよね。

だから数百組に1組の、「美女と野獣カップル」が際立つんです。それは決してマジョリティではないうえに、**その野獣はたいていの場合、すごくお金を持っています**。

金で相手を選ばない美人は、いつだってシンプルに、ただのイケメンを選びます。

♂美人は〝イケメンのＤＮＡ〟が欲しい

「美人は自分の顔に満足してるから、男には良い容姿を求めない」というブサメンにとって大変耳障りのいい屁理屈もありますが、実際には当然、美人だって自分と同じくらい、いやそれ以上のイケメンとの子どもを産みたいと思っています。

なぜなら彼女たちは、自分が顔で得して生きてきた分、我が子にも同じように幸せな人生を歩んで欲しいと願っているからです。

世の中の男性たちが、女の顔審査をすることも知っています。

自分の選択ミスのせいで、顔で損だけは絶対にさせたくない。

ブスはブスでもそれなりに生きていけることを知っているけど、美人はそれを知りません。

私のまわりのホステスにはシングルマザーも多いけど、その子どもたちはもう、誰がどう見ても可愛いんですよね。そして本人たちも、

「旦那とは別れたけど、イケメンに良い遺伝子もらって可愛い子産めたから、結果的に良かったかな」

と、皆一様に相手の遺伝子を褒め称えます。

私が好きなモデルさんもまた、イケメン高身長の男性と結婚した理由を「完璧に可愛い子どもを産みたかったから」と自著に記していました。

そうして産まれた子どもの顔を見て、

「私と旦那をちょうど足して2で割った顔、計算どおり」

「顔のつくりが本当に可愛い」

と満足げに語り、今では毎日インスタグラムに子どもの写真を投稿されています。

美人な芸能人はよくサッカー選手と結婚するけど、それだってやはりサッカー選手のなかでもルックスランキング上位のイケメンを選んでいるんです。

長友佑都選手も柴崎岳選手も、ゴールキーパーの川島永嗣選手も、一般的に見ると普通にイケメンです。

美人やイケメンほど容姿に対する執着心が強く、自分のような白鳥のＤＮＡがブサイクに汚され、醜いアヒルの子が産まれることを恐れています。

♂あなたの遺伝子、美人は受け入れてくれないよ

そんな思考はつゆ知らず、自分よりも顔面偏差値の高い女を呑気に査定している男性たちには、「とりあえず自分磨け」と言いたいです。**顔審査してくる男を見れば見るほど、女たちは可愛い子どもを産もうと考え、イケメンを求めます。**

だからブサメンはむしろ、「人って顔じゃないよ」という態度をとるべきなんです。そうでなければ、浮気されてイケメンの子を育てさせられるのがオチ。

美人にとって遺伝子の劣化は、自分のプライドを殺してフツメン以下の男の隣を歩くこと以上に苦しいんです。これはもはや人間の本能だと思います。

とくに娘は、残酷なほどに男親に似ます。

私が知る限り、美女の父親は全員もれなくイケメンです。

だから今、異性の顔を品評して良い気になっている男性たちに私は言いたい。

「あなたの遺伝子、美人は受け入れてくれないよ」

これはもちろん、男性の顔や年収を査定している女性たちにも言えます。
自分に見合ったレベルの異性で満足できないなら、見た目のレベルを上げるしかない。
異性の顔審査なんて完全に逆効果なこと、してる場合じゃない。

私も当然イケメンが好きだけど、相手を不快にするような目の前での顔審査や態度の豹変《ひょうへん》だけは絶対にしないようにしています。
そんなことすらできない人種が、自分と釣り合ってもいない容姿の良い異性に受け入れてもらえる未来なんて、たぶんこれから先も一生来ません。

容姿が完璧じゃない人間は、異性の顔審査なんかしてる場合じゃないんです。

おいさっきのバーにいた女見た!? スッゲーブス!
見た見たやっぱ女は顔だよな！男に生まれて良かった〜
でた…ブサメンくんやモテないオジサンがこぞって言うセリフ第一位
「男は顔じゃない」
はたして本当にそうかな？
「男は顔じゃない」これが真実だとすると世の中のイケメンに女子が群がる現象を誰も説明できないし
こっち
見て
ジャ●ーズのように顔がいい男を集めた集団に女が貢ぎまくる理由も説明できない
周りを見ていても顔で男を選ぶ女は多い
なぜなら可愛い子供を産みたいからだ
女側は「男は顔じゃない」なんて思ってないぜ…

でも一方で
オレは顔がブサイクだからモテないし…
オレは低身長だから彼女できないよ…
こういう外見コンプレックス男子は女からするとメンドクサイ
なぜなら女側が特に気にしていなくても
あっ Mステに嵐でてる！
ふーんやっぱああいうのが好きなんだ
じゃあなんでオレと付き合ってんの？金？
コンプレックスから卑屈なことを言ってくる人もいるし
一緒にお風呂入ろうよ！
ムリムリ体に自信ないから
あとセックスの時は真っ暗じゃないと嫌だ
着替えてるところも絶対に見ないで
※交際3年目
こういうことを言ってくる人もいる（実体験）
容姿はたしかに重要だけどそれよりも大事なのは**「コンプレックスを抱えすぎていないこと」**
女は顔が全てだけどオレは男だから違う顔以外で挽回できる
女のブスは人生終わりでもオレはきっと大丈夫
他人の容姿を悪く言う人も結局はコンプレックスの裏返しなんだよね

美意識の高すぎる男になってはいけない

近年、男性の美意識は飛躍的に高まり、化粧水や保湿クリームはもちろん、自分のお顔にメイクを施す（メイク男子）も現れてきました。

私は実際に、大阪や東京でメイクをした男性にナンパをされたことがあります。

大手化粧品メーカーからもメンズメイク専用のコスメブランドが多数発売されており、男性が化粧をする文化は今後ますます広まっていくんじゃないかと思います。

そこで、男性の美意識（おもにメイク）について、私が率直に感じていることを書きます。この意見はおそらく、現実世界のほとんどの女性に共感してもらえると思います。

♂ 自分の顔に化粧をする男性は、女性からは好まれにくい

まず初めに、これだけ言っておきます。私が見てきた限り、メイク男子は女性にとても不評です。口元にうっすらヒゲが生えてる女と同じだと思ってください。

メイクをしていると気づいた瞬間、男性的な魅力を感じることはもうできません。

芸能人の男性が仕事のためにしているメイクは別です。でもそうじゃないですよね。

テレビにも出ないし、撮影前のモデルでもない。

一般人の男性が自分の手で自分の顔にお化粧をしている。

これは多くの女性にとって、あまり嬉しくない状態です。

女性はメイクに超敏感！

「いやいやそんな気づかれるほど濃いメイクしてないし！」って思われるかもしれませんが、女は気づきます。

何年自分の顔にメイクしてると思いますか？

どれだけメイクを研究してると思いますか？

女友だちの顔だって、男同士ではありえないほどめちゃくちゃじっくり見てるんです。

女は友だちの肌を見て、ファンデーションを買い換えたことに気づきます。

アイラインをリキッドタイプからペンシルタイプに変えたことにも気づきます。

というか男性でさえ、目の前の女がファンデーションを塗っているか否かくらいわかりますよね。女はその１００倍敏感です。

私は目の下の粘膜《ねんまく》（眼球と下まつげの間）に5ミリだけハイライトを入れることがよくありますが、対面した女友だちのほとんどに「そのメイクなに？　教えて！」と気づかれます。

それくらい、女は人の化粧をよく見ているんです。

だからと言って初対面の男性に「えっなんで化粧してるの……？」なんて口が裂けても言えませんけどね。心のなかでコッソリ減点するだけに留めます。

一般人の男性でメイクが上手い人はあまりいないので、私が見てきた限り、たいていの場合〔メイク男子〕は化粧がすごく崩れています。夕方以降になるととくに。

この手の化粧崩れは、「えっなんかファンデヨレてる。この人、男性なのにメイクしてるのか……」となってしまいます。

コラム

「男のくせに」なんて差別だ！

「女は化粧するくせに！　男だって化粧したい、それが平等だろ！」

わかります。でも仕方ないんです。私たち女にだって、〝男だと許されるのに、女がしたらドン引きされるから我慢してること〟がたくさんあります。

股を広げて座ったり、ガニ股で歩いたり、財布を後ろポケットに入れて手ぶらで遊びに行ったり、人前でゲップをしながら小指で耳クソを掻いたり。もうそんなの全部したいです。でも「女の子がそんなことしたらダメ」って、小さい頃から怒られてきたんです。

女らしくない言動をすると、途端に人目を集めます。

電車で脚を開いて座っている女がいたら、「なんだこの女」って目で見ますよね。

だから私たちは、家のなかでしか脚を開けません。

「脚を閉じなさい」「下品なことはやめなさい」と言われ続けた結果、その性質を後天的に植えつけられただけなんです。元は男と同じなのに。

男女が期待される振る舞いに差があることは、今すぐに変えられる問題ではありません。

私だって不満です。

でも、「モテ」を追求するのであれば、差別だ区別だと騒ぎ立て無理に抗うよりも、その価値観のなかで闘ったほうが無難だと思います。

以上のことから、私は男性のメイクをオススメしません。

知識や技術が付け焼き刃であるうえに、なにより異性からの印象が悪すぎる。

仮に肌荒れがひどく、どうしても化粧をしたいのであれば、化粧をしていることが絶対にバレないように《崩れないベースメイク》を身近な女性や美容部員さんから教わったほうがいいと思います。

まとめ

- ♠メイク男子は多くの女性から好まれにくい
- ♠女は男の化粧に気づいても言わないけど、コッソリ減点する場合もある
- ♠「モテ」を追求するならば、社会的な価値観（＝男は化粧をしない）に合わせ、そのなかで闘うほうが無難

とはいえ、メイクをするのは個人の自由です。

メイクによって自分に自信が持て、振る舞いを良いほうに変えられるのであれば、それはしたほうがいいと思います。

ただ、一般的に男性が女性のケバいメイクを嫌うように、女性も男性のメイクを好みません。容姿を良く見せたいのであれば、肌荒れを改善する・眉脱毛に通うなど、多少時間をかけてでもメイク以外で基礎力を上げる努力をすることをオススメします。

おねぇさんたち
いま2人？
俺らも2人だから
一緒に飲もうよ！
ねーねー
ガタガタのアイライン
ヨレヨレのファンデーション
あっ
ちょっと予定あるんで…
行こ行こ
気付いた
はぁ～
顔はタイプだったんけどな…
メイク男子はどうしても
オネエ系の人に
見えちゃう…

目指すべきマインドは、〔ジャンプの主人公〕のような男

1つ前の項目にも書きましたが、〝男性の美意識〟は行き過ぎると異性からの評判を落とします。美意識が高すぎる男性には、男性的魅力——すなわち「オスカ力《りょく》」を感じないからです。

♂【オスカ】とは、簡単に言うと【鈍感力】です。

小さなことを気にせず、気負わず、常に堂々と振る舞う様に、女性は男らしさを感じます。体毛をツルツルに剃ったり、脚を綺麗に閉じたり、美容やファッションに執着したり、メイクに頼ったり、モテるために過剰なアクセサリーをつけたり、人の思惑に敏感で常に顔色を伺っていたりすると、どうしようもなく萎えるんです。

とはいえ、人の気持ちを一切考えず自己中心的に行動する男性が魅力的かと言われれば、それはまるで違います。多くの女性が男性に幻滅する瞬間は、〝店員への態度がやたら横柄だったとき〟なんです。

しかし世の中には、「男らしさ」を履き違えて、そんな攻撃的な言動ばかりを取ってしまっている男性が多くいます。

そこで私がオススメしたいのは、**【ジャンプの主人公のような男】を目指すこと。**

ワンピースのルフィやナルト、鬼滅の刃の炭治郎など、**ジャンプの主人公の男性キャラは絶妙な男らしさを持っています。**

たとえば、ルフィはどんな状況でも他人に文句を言うことなく、ド直球に生きています。仲間の悪口を言ったり、初対面の相手に皮肉や愚痴をこぼしたりしません。

何か感じたこと・思ったことがあったら、変なわだかまりが生まれてこじれる前に、相手に直接伝えて決着をつけます。ワンピース第331話では、仲間であるウソップと大喧嘩して決闘までしました。

店員さんへのクレームや、仲間内でコソコソ悪口を言う男性は、その場では女性からの共感や同情を集めたとしても、結局は「器が小さいなぁ」とマイナスの感情を持たれてしまいます。自分の機嫌を自分で取れない人間って、男女問わずダサいですよね。

一方で、彼らが他人のミスに敏感で、店員に横柄な態度を取る男性だったらどうでしょうか。

そんな人は、ジャンプの主人公に相応しくありません。読者からも嫌われます。

彼らジャンプの主人公タイプの男性に共通する性格は、他人に対して大らかで、鈍感なところです。彼らは小さなことを気にしません。レストランで店員がオーダーを間違えたからといって、怒鳴ったり不機嫌になったりしないことが予想できますよね。

「えっこれもうまそう！　俺これ食べたい！」

きっとこう言ってのけます。

あらゆるものに敏感で、他人のミスに厳しくて、プライドの高い男性は、女性からするとあまり魅力的ではないのです。**男性が恋愛市場で戦う際に目指すべきマインドは、〝ジャンプの主人公のような鈍感さ〟**だと私は思います。

合コンや出会いの場でなかなか上手くいかなかったり、女性からあまり好かれないことに悩んだら、今一度自分の言動を振り返って、こう考えてみましょう。

「ジャンプの主人公だったら、こんなときどうする？」

「自分の今の振る舞いは、ジャンプの主人公として相応しい？」

うわっ
このお店あっつ！
クーラー効いてる!?
たしかに…
ちょっと暑いね
いやーー
もう最悪だよ
なんでこんな店
選んじゃったのかなぁ
イライラする！
接客クソすぎんだろ
ほんともう最悪
こいつ…
歴代のジャンプ主人公たちが
決して言わないような言葉を
一瞬で量産している…
ほほえましいほどの
人間力の低さ…
これは完全に
脇役タイプですわ
まじ サイアク
まじでクソ!!

「マザコンNG」は大嘘！　賢い女は親子仲のいい男を好む

巷では、「マザコン男は女性に不人気」だとよく言われています。

一方で、私が様々な場所で出会った既婚女性や婚活中の女性たちに〝結婚相手に求める条件〟を訊ねてみると、**多くの女性が「家族仲のいい男性」を求めている**ことがわかりました。これには私自身も、かなり心当たりがあります。

そこで本項では、この矛盾はどういうことなのかを、私なりの視点で解説してみようと思います。

♂ 男を〝マザコン〟と揶揄する女性は、彼の母親が嫌い

そもそも「家族仲のいい男性」と「マザコン男」の違いはなんでしょうか。

私が思うに、両者に違いはありません。単に**その男性の家族**（**おもに母親**）**を、女性が良く思っているか思っていないかの違い**です。

嫁姑の波長が合えば「母親を大切にするいい旦那」、波長が合わず不仲であれば「マザコン男」になるんです。

つまり、男性が母親を想う気持ちの量など一切関係ありません。母親を大切にする男性をプラスと捉えるかマイナスと捉えるかは、すべて女性側の気持ち次第なんです。

つまり、「旦那がマザコンで困る」「彼氏がマザコンだから嫌だ」と言っている女性のほとんどは、彼の母親とウマが合っていません。

だから「あんな母親の言いなりになるなんて……」という**義母へのクレームを込めて、彼を〝マザコン〟と揶揄《やゆ》**するんです。

一方で、女性が彼の母親に好感を持っている場合、マザコンなどというワードは出てきません。「いいお母さんだから、自分自身も仲良くしたい、大切にしたい」と思います。

実際に、私はかつて交際していた男性の母親を自分の母親以上に好きになったことがありますが、当時は彼が母親と仲良くランチに行ったりお買い物に行く様子をいつも微笑ましく感じていました。〝マザコン〟などと思ったことは、ただの1度もありません。

それどころか、私も一緒に同行して食事に行ったり、親同士を何度も会わせて家族ぐるみで仲良くしたり、彼が母親と仲が良かったからこそできたイベントがたくさんあります。

反対に、「俺は家族とあんまり仲が良くない」と言っていた交際相手の母親のことは、最後まで好きになれませんでした。

本人が家族と仲が悪いのに、その彼女が仲良くなろうなんて、そんなの無理に決まってます。

男性自身の母親との関係性って、嫁や彼女が仲良くなれる限界値なんです。

さらに言うと、**男性の母親に対する態度は、将来の嫁に対する態度と同じ**だと言われています。自分の今の家族を大切にしない男性は、未来の家族のことも大切にできません。

恋愛感情があるうちは良くても、結婚して家族になったらおしまいです。将来、その女性は母親と同じ扱いを受けることになります。

そのため、**そこまで見越して男性を選んでいる賢い女性は、男性が今の家族を大切にしているかどうかをしっかりチェックしています。**

結婚は、親に対する態度までもがポイントになるんです。

男性はくれぐれも、「俺は母親との仲が悪いし、全然マザコンじゃないよ。だから安心して」なんて逆効果なことを言わないように気をつけてください。

やっほー久しぶり！
浮かない顔して
どうしたの？
それがさ…
聞いてよ
実は先日
彼にプロポーズされたから
ご両親に挨拶に行こうと
思ったら…
あ！
オレ親と仲悪いから
挨拶は直前でいーよ(笑)
オレってば一匹狼
だからサ☆
つかこの年の男で
親と仲良いなんて
ダサいよな！
は〜〜
それは………
義実家との関係が
思いやられるな……
でしょ

LINEが長く続かないから〝脈ナシ〟……とは言い切れない

Q LINEが3日で途切れたら脈ナシ？

やっぱりLINEが2〜3日や1週間などで途切れる時点で脈なしなのでしょうか？　どんなにめんどくさがりな人でも、本気でいいなと思ってる人に対しては途切れることなく続けるのでしょうか？

A 人によるから関係ない

これはめちゃくちゃ人によると思います。LINEが続く期間で脈は測れません。

♂ 返信しない側の心理

たとえば私の場合、ダラダラLINEするのがすごくニガテな性格なので、**人生におけるLINEメッセージはほとんどすべて自分が既読をつけて終わってきました。**これは相手が男だろうと、女だろうと、好きな人だろうと。

つまり、「もうこれ返信不要だな」って判断するタイミングが人より早いんです。

たぶん今この本を読んでる人のなかにも「わかる〜」って思ってる人がいると思いますが、人って**〈最後のメッセージを送るタイプ〉**と**〈送らないタイプ〉**の**2種類**がいるんですよね。

〈最後のメッセージを送るタイプ〉の特徴

- ♠ 人懐っこい末っ子気質、または体育会系
- ♠ 有料スタンプ買いがち
- ♠ ありのままでモテる

〈送らないタイプ〉の特徴

- ♠ 根暗でコミュニケーションが苦手
- ♠ 無料スタンプを使用、あるいは不使用
- ♠ ありのままではモテない（とっつきにくい）

もう書いてて自分で悲しくなるけど、私の〝素の性格〟は後者です。モテない根暗。

これは元々の気質みたいなものなので、仕方ないと思います。

「どんなにめんどくさがりな人でも、本気でいいなと思ってる人に対しては途切れることなくＬＩＮＥを続けるのでしょうか？」

そう思う気持ちはわかります。

でも〈送らないタイプ〉の側の気持ちとしては、実はこう思ってるケースも多いです。

「このLINE、もう返信不要だよな……普段ならもう既読つけて終わってるタイミング。本当は返信したいけど、ここで返したらウザがられるよな……なんか必死でダサいと思われそうだし、迷惑かも。この人たぶん〝自分で終わりたい派〟だし……撤退するか」

こんな心境で後ろ髪を引かれながら、好きな人とのＬＩＮＥを無理やり終わらせることもよくあります（と言っても、予測されるやりとり終了のタイミングから数ラリー早い程度だけど）。

やりとりの長さで脈は測れません。

それよりも、**重要なのは時速（ラリー数／h）**です。

♂ LINEで簡単に脈チェックできるポイント4点

① 時速

LINEのやりとりで重要なのは、［やりとりが続く長さ］ではなく［時速］。

時速が速いほど、そしてその時速を維持する期間が長いほど、脈があると判断できます。

たとえば、丸3日かけてポツポツと30ラリーするよりも、20分間で20ラリーするほうが、圧倒的に相手のテンションが高い。脈がある。

だって、質問を続ければどこまでもラリーは続くけど、時速はさほど上がらないから。

むしろ相手が面倒くさくなるにつれて、次第に下がっていきます。

② 既読がつくタイミング

既読がつくタイミングも重要です。脈がない人は、無闇に相手のテンションを盛り上げて好意を育ててしまわないよう、既読のタイミングを調整することがあるからです。

たとえば、モテるタイプの男女はLINEをめちゃくちゃ溜めます。好きでもないのに言い寄ってくる異性に対しては、LINEが来た数日後にようやく「ごめん寝てた」と送ったりするんです。一方で、毎回即座に既読→返信が来るときは、脈がある可能性が考えられます。

③時間帯

深夜に送っても返信が来るかどうか。これは1番重要かもしれません。

「この人とは絶対に体の関係を持ちたくない、好意を育てられても困る」と思っている相手から深夜の電話やLINEが来た場合、たいていの男女は応じません。当然ながら寝たフリをします。

また、夕方頃からタラタラ続くLINEのやりとりも、0時を超えた頃から返信がピタッとなくなります（あるいは、「おやすみー」と言われて終わる）。

好意を持てない異性とのやりとりは、睡眠時間を削ってまでやる価値はないし、**深夜のやりとりはそれだけで親密感を演出してしまう**から、できれば避けたいんです。

一方で、深夜帯でもノリノリで返信が来る場合、それは脈アリ（少なくとも、セックスは可だと思われている）と考えていいと思います。

④内容

脈がある連絡とは、《**相手からの連絡の内容が、最終的に会うためのものなのに、気を遣っていてやや回りくどい**》こと。

こちらの予定や心境を訊ねてきたり、会う約束を取りつけるための伏線となる質問を多数ぶっ込んできたら、脈がある可能性があります。

一方で、都合のいい相手（セフレやＡＴＭ）として連絡をしてきている場合、内容が雑になる場合が多いです。会えるか会えないか、それのみを早い段階で訊ね、会えないとわかると連絡が途絶えます。

以上が私が考える脈チェックポイント４点です。

ただ、ここまで書いておいてなんだけど、**ＬＩＮＥに対するスタンスはかなり個人差があります。**

面倒だからサッサと返して終わらせてしまおうと思うタイプや、昼夜逆転生活ゆえに深夜帯にしか返信しないタイプ、ＬＩＮＥそのものが苦手で通知を切ってるタイプ、そもそもスマホを携帯していないタイプなど、世の中には超絶いろんな人がいます。

その人たちの性格を鑑《かんが》みないと、実際の脈状態は測れません。

とはいえ、ＬＩＮＥが長く続かないから脈ナシ……という悲しい勘違いをする人が少しでも減ってくれればと思います。

オレ今好きな人から既読無視されてて…
どんなメッセージ送ったの？
見せてみて
えっ…
昨日はありがとう！
こちらこそ、楽しかったです！^^ありがとうございました
また行けると良いですね！
これは…
いや…あのさこのライン終わってるよ？
えっそんなに酷い内容だった⁉
いやそうじゃなくて会話がすでに完結してるってこと…
会話のキャッチボールって人によって終わるタイミングが違うから
へーい
まだ投げてくんの⁉
こういう状況になりやすい

だから返信がないことを変に深刻にとらえるのではなく
昨日はありがとう！
こちらこそ、楽しかったです！ありがとうございました^_^
また行けると良いですね！
この人がキャッチボールを終えるタイミングはここだったんだな…
ととらえるのが正解
既読無視されてる…
とこっちが勝手に気にしていても
相手は
会話終了！
くらいにしか思ってなかったりする
だから気にせず誘ってみなよ
えぇ〜自信ない
またスルーされる予感しか…
うおっもう返ってきた!?
ピローン♪
この手のタイプは返信も鬼早い

セックスのマンネリ化は男が招いている！

恋人同士のセックスがマンネリ化する理由って、何だと思いますか？
私は**マンネリ化の原因・第1位は、〝男性が日常的に女体を意味なく触り続けること〟**だと思っています。

♂マンネリ化の原因は、〝意味のない触り合い〟

これはとくに同棲していたり、週に3回以上寝泊まりしている半同棲カップルに多いですが、**男女間での無意味な触り合いはセックス時の興奮度を半減させます。**

テレビを見ながら手グセで乳を触ったり、乳首を捏ねたり、下半身を触らせたり……

それもう全部、ムダに消費してます。そういう行為がセックスの陳腐化（マンネリ化）につながるんです。わかっててやってますよね。

その瞬間のわずかな興奮を得るために、セックス時の大きな興奮を台無しにしてるんです。

もしこんな行動に心当たりのある人は、今すぐ意識的にやめてください。

私はかつて交際していた彼に、セックスのとき以外はできるだけおっぱいに触らないようお願いしました。一見酷ですが、セックスがマンネリになるよりマシです。

これにより、互いの体は「暇つぶし感覚で24時間触れるもの（＝いつも触られてるからセックス時に触られてもとくに興奮しないもの）」ではなくなるので、セックス時に触られた際の興奮度が以前より格段に上がります。

♂朝セックスしないことで、デートの時間すべてを前戯にする

マンネリ化するほどにセックスを繰り返している男女は、寝泊まりして共に朝を迎える機会が多いと思います。

そうなると増えるのが朝セックス。疲れきった夜よりも、体力が１００％チャージされて元気な朝にするほうが、セックスを長時間楽しめますよね。

でもこれって実は、めちゃくちゃもったいないことなんです。

もしその日、ランチに行って映画館デートして、カフェでパンケーキ食べて街ブラして居酒屋はしごするデートプランを立てていたとしたら、その時間はぜんぶムダになります（性的には）。

ただの友だち同士の遊びと変わらなくなってしまうんです。

だって、もし朝してない（＝互いの性欲が解消されてない）状態だったら、**この1日のデートはすべて前戯になります**。

「あーランチ食べてる姿かわいい、セックスしたい」
「あー映画見てる横顔イケメン、早く抱かれたい」
「隣歩いてるだけでムラムラする、もう帰って触りたい」
「酔ってきた、もう今すぐここで舐めたい」

って気持ちになりませんか？　私ならなります。

やっぱり朝から互いに性欲を満たしてしまうと、相手に感じる性的魅力は半減、いやもうほとんどゼロになります。満腹状態でのデートって超絶もったいないんです。

セックスのマンネリ化を防ぎたければ、〝**デート＝盛大な前戯**〟と位置づけましょう。デート前（朝）のセックスは避け、１日の終わり（夜）にセックスをすることを習慣化すべきです。

♂マンネリを打破するには

それでもどうしてもセックスのマンネリ化を防げなかった場合は、**第三者のいる飲み会・イベントに行きましょう。**

これはかつて私がマンネリ防止策として取り組んだもののなかで、圧倒的に効果のあった方法です。

セックスがマンネリ化した男女は、積極的に第三者のいる場所に行くべきです。

いつもいつも2人でいたら、そりゃ飽きますよね。

だからって共通の知人もいないし……ってカップル、そんな人たちには以下のような選択肢があります。

第三者のいる飲み会の作り方

- ♠どちらかの友人や家族を呼んで、一緒に飲む
- ♠互いに同性の友だちを呼び、5：5くらいの合コンを開く（幹事役）
- ♠2人でHUBやクラブに行って、初対面の人と一緒に飲む

これらはすべて、私がかつての交際相手と実際にやったことです。

相手とずっと一緒に居すぎると、その人の価値を感じにくくなってしまいますよね。だから〝他人の目〟を借ります。

他の人が居るときに、相手がどう振る舞うのか。他の男から見て、この子はどう見えているのか。他の女からの彼の評判はどうなのか。

やっぱりこの人、異性からの需要あるんだな……と再確認するようなイベントを自らつくることは、２人の関係性のマンネリ脱却にとても有効です。

たとえば、私と彼が前述した５：５の合コンを開いたときに、彼は自分が呼んだ友だちから「お前の彼女かわいい」と言われて驚いていました。一方でクラブでは、彼のほうが女性に声を掛けられており、互いにヒヤヒヤした時間を過ごしたことを覚えています。

そして当然ながら、その日のセックスはめちゃくちゃ盛り上がります。

当て馬くんたちよありがとう！ です。他人が欲しがっていたものが手中にある喜びを感じながらするセックスが、気持ちよくないわけがありません。

とっても性格の悪いカップルのようですが、互いの価値を感じにくいほどに接近してしまった場合は、１度このような第三者混入イベントを挟んでみることもオススメです。

♂スタンダードなセックスでも、この一工夫で印象が変わる

正常位やバックのときに、女性の両手を押さえつける。

これ、初めからできる男性と、できない男性がいます。

正常位のときは顔の横に、バックのときは後ろ手に両手をまとめて押さえつけてみてください。

おそらく大半の女性が、この行為にグッときます。

女性同士で話していても、この行為に興奮しない女はいません。

女なんてみんなMです。

もう脳がそう造られています。

なのに支配感を出さずにセックスされると、挿入時の興奮値が停滞します。

押さえつけるのは、てのひらよりも手首がいいですね。

愛してるとか可愛いとか言われながらの手首押さえつけは「ギャップがヤバイ」と大好評です。

正常位やバックは誰もが必ず取り組むドベタなプレーン体位なので、きちんとトッピングして差別化しましょう。

♂女は騎乗位が好きじゃない！

男性に好きな体位を訊くと、たいていの場合「騎乗位」だと答えます。女体が綺麗に見えるので、男性からは大好評ですよね。

一方で、女性側も騎乗位を気に入っているかと言えば、そんなことはありません。むしろ騎乗位は「女が嫌いな体位ナンバーワン」なんです。

男性向けウェブマガジン「VOLSTANISH（ヴォルスタニッシュ）」がおこなった女性へのアンケート調査によると、**「あなたがもっとも嫌いな体位は？」という質問に、45％の女性が「騎乗位」と答えました**。もちろん、2位に大差をつけて、ぶっちぎりの1位です。

正直これは私自身も同感ですし、女同士でセックスについて語る際にも、**「騎乗位は修行」「男性へのサービスタイム」「女側はあんまり気持ちよくない」**といった意見をよく耳にします。

もちろん、セックスが極端にうまい男女が取り組めばとっても気持ちのいいものかもしれませんが、一般人がAVの真似事をして取り入れるだけの騎乗位に、大きな快感は付いてきません。

女側からすると、「疲れるしそこまで良くもないから、正常位のほうがいい」

これが本音です。

男性側が騎乗位が好きだからと言って、あまり長時間させないように気をつけましょう。15分も20分もやらされてしまった場合、確実にキレてくる女性もいると思います。

実施媒体：男性向けウェブマガジン「ＶＯＬＳＴＡＮＩＳＨ（ヴォルスタニッシュ）」
実施方法：ＷＥＢアンケート
調査エリア：日本全国
調査対象：20～30代の女性
年齢の割合：20代（63人）30代（37人）
実施期間：２０１９年6月22日～6月27日
https://volstar-official.jp/media/enquete/weak-sex-position/

最近オレ彼女と
セックスレスでさ…
あぁ分かるよ
3ヶ月も経つと
あんまり興奮
しなくなるよな〜
お兄さんたち
それさ…
彼女のせいじゃ
ないよ
え？
セックスの
マンネリ化は
多くの場合
バーーン!!
男が招いているッ
ええっ
原因は男性側が
無意識に・無意識に
女体を触り続けることで起きる
純粋な「慣れ」と「飽き」！
・・・
触りまくって飽きられる
女の気持ちも
考えてみてほしい！
こねこね
もみもみ

最も良い対策はお互いに無駄な触り合いをしないこと
もちろん手をつないだりキスをしたり軽いスキンシップはOKだけど
胸や下半身を日中からこねくり回さないこと
そういう行為はベッドに入るときのためにとっておく！
それからセックスは1日のはじまりの朝にするのではなく
2人で1日過ごし終えた夜に行うこれで日中のデート時間すべてが前戯になる！
セックスはレスになったらもう終了！
マンネリ化を未然に防ぐことが重要なんです！
この人…レス経験者だな…
ガッチョ
ガッチョ

コラム　マンネリ化を防ぐために、女性側にできること

女性が彼とのセックスをマンネリ化させないための作戦として真っ先に思いつくことは、「セクシーな下着を買うこと」です。でもこれは、ほとんどの場合意味がありません。**女体に夢中になっている瞬間の男性は、下着などまったく見ていない**からです。

私がこれまで交際してきた男性はもちろん、どの女友だちに訊いても、「男はセックスの際に、ほとんど下着を見ていない」と答えます。高級ランジェーリーを纏《まと》っていても、しまむらで買った安い下着を身につけていても、男性側の反応はそう大きく変わりません。

セクシーな下着にテンションが上がって興奮するのは、どちらかと言うと女性自身のほうなんです。

しかし、この〝女性自身の興奮度〟は、男性側の興奮度に大きく影響します。

つまり、セクシーな下着だろうがなんだろうが、**女性側がテンションを上げて性的に興奮していれば、それを見た男性はつられて興奮する**のです（もちろんこれは、まだ深刻なセックスレスに陥ってない男女である必要があります）。

セクシーなランジェリーで男性が興奮した場合、それは下着本体の効果というよりも、〝それを着ている女性自身の興奮度〟が影響している可能性が高いです。

逆に考えると、どんなにセクシーな下着であっても、女性本人のテンションが低ければ男性は萎えますし、しまむらで買った下着であっても女性が興奮していれば男性は喜びます。

【下着のデザイン】と【男性側のテンション】が直結するわけではないのです。

chapter3

女ごころの本音とウソの謎

下ネタで女の心は開かない

男性のなかには、初対面の女性に下ネタを振ることで貞操観念をチェックしたり、心を開かせてセックスへの階段をダッシュで駆け上がろうともくろむ人がいます。
なぜなら男性向けの恋愛ノウハウでは、そのような方法が強くオススメされているからです。

「ワンナイトの経験あるの？（ニヤニヤ）」
「最後にセックスしたのいつ？（ニヤニヤ）」
「絶対ドＭでしょ（ニヤニヤ）」

私はかつて関西のＨＵＢ、クラブなどの出会いの場で、これらのセリフを3千回くらい言われてきました。出会ってからたった5分の、初対面の男性に、です。

これは私に限らず、出会いの場で周囲の会話を聞いていてもそう。女子同士での飲み会でもよく話題になります。「初対面で下ネタ振ってくる男、多いよね」って。

今から、そんな日本全国の女性の本音を代弁します。

初対面の男性から下ネタを振られたとき、女はこう思っています。

「セックス狙ってきてんじゃねーよ」

原始時代より集団でのコミュニケーション能力を磨いてきた女性は、会話の裏や行間を読むのが驚くほどに得意です。

男性には絶対に伝わらないような些細な嫌味も、その逆の好意も、相手が女性というだけで必ずと言っていいほど伝わります。

小中学生の頃から女同士の〝腹の探り合い〟に慣れている女からすると、初対面の男性が突然下ネタをぶっ込んでくる理由に勘づかないわけがないんですよね。

このあたりを勘違いして、「初対面の女とセックスがしたければ、下ネタを挟んで誘導していけ」みたいなノウハウがやたらと出回っています。だから私が3千回も言われるんです。

この方法は、貞操観念の低い（すなわち、誰でもいいから男とセックスしたいと思っている）性欲強めの女子を炙《あぶ》り出して狙い撃つ目的ならいいけれど、それ以外の女子に対しては完全に、120％逆効果です。

男女逆で考えてみてください。ちょっといいなと思っている女性がいたとして、出会って5分でこんなことを訊いてきたらどう思いますか？

「ねーねー、キミ年収いくら？（ニヤニヤ）」


デリカシーのない質問は、マトモな異性を遠ざけます。

たとえ相手の〝お金〟が目的だったとしても、この質問だけは絶対にしてはいけません。

それは〝セックス〟も同じ。

しかし多くの男性が、性的な話をすればセックスへの道が拓《ひら》けると勘違いしています。

逆です。

不必要な下ネタを振られれば振られるほど、女は心を閉ざしていきます。

「あぁセックスがしたいから、私の貞操観念を確かめているんだなぁ」

「セックスのハードルを下げようと必死だなぁ」

「出会った女全員に、こんな話をしてるんだろうなぁ」

「ちんこの安売りお疲れ様です、さようなら」

こんなふうに思われてしまうので、下ネタに頼って女を口説く方法は悪手です。

せっかくの合コンだし
コインでイエスorノー
ゲームしようよ！
いいね！
やりたい！
おもしろそう
ルールは簡単
質問に対してイエスなら
100円玉の表面を
ノーなら裏面を出すだけ！
100
YES！
NO！
じゃあまず
オレから質問
いくよ～
ワンナイトセックスを
したことがある
イエスかノーか!?
えっ
次の質問！
3P以上の
複数プレイを
したことがある
イエスorノー!?
あぁ…
これでお持ち帰り
できる女かどうか
確かめてんのか……

言葉遣いのキレイな女、実はクズ説

「彼氏さんがね、結婚したいって指輪くれてんけど、本当はもっとイケメンが良いねん。だからクラブいこ！」

これは私の友だちの美人の口グセ。

これからするのは、たぶん男性にとってはちょっと信じられない話です。

彼女は顔がとても綺麗で、性格がものすごく柔らかく、街に出ると多くの男性から一方的に顔を覚えられていました。

「先月〇〇で見たわ！　かわいすぎて覚えてる！」

「前にミナミのクラブいたよね⁉」

「おれ先週、キミと街ですれ違った！」

バーやクラブで出会う初対面の男性たちはみな鼻息を荒げて口々にこう言い、彼女の気を引こうとします。それは単なるハッタリではなく本当に彼女が行っていた場所で、男の人は美人の顔面をしっかり脳に記憶してるんだなぁと私は常々感心させられていました。

彼女は「そんなの覚えてへんよ～」と言ってにこやかに笑うけど、散々お酒を奢ってくれた男たちが満を持して「連絡先交換して！」と言うと、即座にこう返します。

「要らへんよ♡」

イケメン以外の連絡先は要らない。

彼女のｉＰｈｏｎｅには、選び抜かれたイケメンたった8人の連絡先だけが入っていました。

それ以外は、スマホを変えるときにすべて消したらしいのです。

彼女のＬＩＮＥの友だちは、そのイケメン8人に家族と女友だちと彼氏を加えた、たったの19人でした。そして不要な男たちを撒《ま》くとき、彼女はすごく辛辣《しんらつ》にこう言います。

「あっちにイケメンさんおるからもう行くね！　ありがと～」

そう言われた男たちはポカンと口を開け、追いかけもしてきません。

♂クズ女の見抜き方

こういう女の子、実はよくいます。

モテるタイプの美人に多い。美しい容姿に反して、脳みそが超辛辣。

いわゆる女版クズってやつです。

男のクズより異性に対するウソ誤魔化《ごまか》しが上手くて当たりが柔らかい分、ものすごくタチが悪いんです。

「今の彼氏さんはスペック高いし月給とボーナスが超いいけど、顔が不満やねん！　だからイケメンさんにチヤホヤされて心を満たす！」

この手の女子と付き合うと、男性は相当苦労します。

プロポーズの返事を保留して、その翌日にクラブ遊び。朝まで遊んで、セフレの家に帰る。

まぁ顔で選んだのは彼のほうだから自業自得だけど、きっとその彼氏さんは「この子は中身もサイコーだ！」と思っています。超不憫《ふびん》。

じゃあこういうクズをどうやって見抜くかって、実はカンタンです。

言葉遣い。

「彼氏」というワードに〝さん〟をつけたり、〝上司さん〟や〝お友だち〟など、あらゆるものに「お」や「さん」をつける。

仕事でもなんでもないプライベートの遊び場で、謎に丁寧なことばを選ぶ女子って、実は基本クズなケースが多いです。

なぜキレイなことばを選ぶかって、自分を取り繕《つくろ》ってカモフラージュするためだから。

「○○さん」とか「お○○」とか、〝すごく性格のいい女子〟って感じのことばを選んで遣う。

超単純。でもこれ、男は喜ぶんですよね。

彼女たちは、これによって男ウケが良くなることを知っています。

女のクズはなかなか公にできないし、隠さなければいけないということを知っています。

清楚な見た目と綺麗なことばで男に近づき、裏では女友だちにこう言っているんです。

「ほんまブサイク無理やわ！　話してあげたんやからお金欲し～」

美人で言葉遣いのキレイな女には、大抵の場合裏があります。

♂「いい女」の言葉遣い

じゃあどういう女がいいかって、**あんまり言葉遣いがキレイじゃない女。**

「これウマい！」とか「何食う？」とか、女らしくないとされることばを平気で多用する女。

ガサツな言葉選びは、自分を取り繕うことなく生きてきた証《あかし》だから。

そういう子のほうが性格が良くて、彼氏に一途なケースが多いです。

でも男は騙されます。

ふわふわしたことばを遣う、表面上キレイな女にすぐ騙されるんです。

逆です。めっちゃ逆。これ同じ女ならわかると思うけど。

ガサツだったり言葉遣いをそこまで意識してない、取り繕ってない女のほうが圧倒的にクズ率が低いです。ちゃんと人対人の付き合いができます。

街中や飲み会でやたらと言葉遣いのキレイな女に出会ったら、その背景に想いを馳せて、ちょっと疑ってみて欲しいんです。

「良い子だなぁ」じゃなくて、「〝上司さん〟に〝お友だち〟……なぜやたらと「さん」や「お」をつけるんだ？」と思ってください。

その手の女子は基本的に清楚な見た目で、ＡＫＢや乃木坂にいそうな（つまりアイドル系の）髪型とメイクをしています。当然ながらこれも作戦。

清楚系美人ならクズでもいい！　とにかく顔！　って人は気にしなくて良いけど、長期的な関係を持つうえでそれは結構不幸だと思います。

指輪を買って何度渡しても弾《はじ》かれている彼氏さんは超絶可哀想です（自業自得だけど）。

そんな悲劇を招かないためにも、女の容姿と言葉遣いにホイホイ騙されないでください。

美味しいもの食べたら素直に「うまい！」って言う女がオススメです。

「わぁおいしい……♡」に騙されないで。

うわ イカの活き造りだ
うねうね
おいしそー！
都会の居酒屋で 活き造り食べれるなんて サイコー！ いっただっきまーす！
…って ん？
ヒメ子ちゃん どうした!?
あ…いやなんか… イカ**さん**まだ生きてるのに 可哀想だなって思って…
きゅ
先輩よく 食べられますね… 可哀想じゃないんですか？
えっ… でもこれ そういう食べ物だし…
わっ
私には無理です
食ってる私を 人の心のない奴 みたいに言うなや…

イカさん
かわいそう
ぐすぐす…
ピピピ
ん?
あっ
なんか彼氏さんが
近くにいるみたいで
迎えにきてくれる
そうです♡
えっ
あぁそう
ガタッ
一瞬で
涙消えたな…
…って、
えっヒメ子ちゃん
彼氏いるの!?
!?
…あぁ
実は2年ほど
付き合ってる
お金持ちの
彼氏さんがいるんです
もうすぐ結婚するんで
この前の合コンで
私がイケメンさんを
お持ち帰りしたこと
絶対に言わないで
くださいね♡

女の言う「男の手が好き」は残酷すぎる嘘

Q 女性は男性の手をよく見ている（手フェチ）と言いますが、実際どれくらい重要視しているのでしょうか？

A うなじのキレイなブスと同じ。パーツはオプションであり、それ自体は無力

女性向けの恋愛指南のなかに「好きな男のタイプを訊かれたら〝手が綺麗な人〟と答えろ」というものがあります。「こういう顔の人」「こういう性格の人」と具体的な特徴をあげてしまうと、当てはまらない男性からモテなくなるためです。

「優しい人がスキ」も同じ理由です。合コンのような出会いの場所では、女はできるだけ多くの男性から好かれてチヤホヤされたいんですよね。

たしかに、私も手は好きです。男性的な要素が出るパーツなので、やっぱり男の人なんだな〜って感じます。セクシーさも感じる。

たぶん、男性からすると女の首・うなじ・鎖骨に近い感覚です。

ただ、めちゃくちゃ手が綺麗なブサメンニートがいたとして、女は見向きもしません。**手ってオプションです**。

うなじのキレイなブスをイメージしてください。うなじは無力です。

♂ 手を見る際の大事なポイント

手で男性を好きになることはありませんが、好きな男性がこんな手だったらポイントUP！と思う点を挙げます。

- ♣ **手が大きい**（大きいほど男性的でいい）
- ♣ **爪の形がキレイ**（横よりも縦に長い）
- ♣ **程よくゴツゴツ**（女とは明らかに違うシルエット）
- ♣ **血管が浮き出ている**

もちろん人によってはさらに違うポイントがあるかもしれませんが、女性が引かれる要素は大方このあたりだと思います。

見てください
オレの手！
ん？
オレ
この前の合コンで
手がキレイだって
褒められて…
自信ついたので
これからは手を
アピールしていく
ことにしました！
あぁ、それ…
単品では
なんの効果もないよ
え!?
手がキレイな男って
うなじがキレイなブス
と同じだから…
そのパーツだけを理由に
モテたりしない
ぐっ…
たしかに

でもオレの手を褒めた子は手フェチの女の子だったんですよ⁉
好きなタイプも「手がキレイな人」って言ってたし…
そんなの嘘だよ
むしろ
手がキレイな男の人が好きで…
って発言は万人ウケするキラーワード
合コンでモテたい女達がこぞって使う用語だ
なぜなら「手が汚い男の人」など滅多に存在しないから…
それが好みならオレでもいける
こう思わせてモテることを狙うけど
本心は手がキレイな男より顔がキレイなイケメンが好きに決まっている
ぐっ…オレのゴールデンモテハンド…
手だけでモテるほど世の中甘くないよ

デートで〝安い店〟を提案してくる女には裏がある

女性が交際前のデートで格安飲食店を提案してくるとき、その行動にはちょっとした裏がある場合があります。

たとえば、初回のデートで「何が食べたい？」と訊かれた際に、女性側から「サイゼリヤ」というチープな場所を提案することで、その後の関係を有利に動かすことができるんです。

サイゼデートによるメリット

①庶民的ないい子だと思わせることができる
②2人で千円程度なので、いくら割り勘にしようとしても誘った側の男性が奢ってくれる可能性が高い
③女側が割り勘にしようとする姿勢を見せつけた上で、確実に奢ってもらうことができる
④**〝初回デートを格安のサイゼリヤにしてしまった〟という懸念を植えつけることができる**

ここでとくに重要なのが④です。

最初は「えっサイゼリヤでいいの?」と喜んでいた男性も、その後の関係(手をつなぐ・キス・セックスなど)がなかなか進展しないと、徐々に不安になってきます。


「もしかして、サイゼリヤのせいでは……」

「そもそも何故この子はサイゼを提案した?」

「俺を試したのか?」

「短時間で済ませたかったのか?」

「金がない男だと見下されてる?」

「他の男とはいい店に行ってるのかも……」


男性は、自分がデートに誘ったにもかかわらず、鬼安のサイゼリヤで済ませてしまった(店選びやデートプランに関して、自分の全力を披露しなかった)ことを心のどこかで気にしています。

ゆえに、女性からの連絡が途絶えたり、関係性が悪くなった途端、「もしかしてあれが原因なのでは……」と感じるケースが多いようです。

そして、それを挽回しようと動きます。

たとえば私の経験上、サイゼリヤ後のカラオケや宅飲みに断固として応じなかったり、次のデートの誘いを断ったりした場合、男性側は目に見えて焦ります。

「俺のことサイゼ野郎だと思ってるな！　違うぞ！　あの日は君の提案に乗っただけで、本当の俺はデートにサイゼを選ぶレベルの男じゃない！」って勢いで、後日わりと高価な店を提案してきたりするんです。

「前回はサイゼだったし、今度はいい店奢るよ！」とか言って。

なかにはプレゼントに頼んでもないブレスレットを持ってきてくれた男性もいました。

人は、何もねだってこない相手には、何かをしてあげたくなります。

もう完全に「金の斧・銀の斧」状態です。

サイゼリヤは正直者の木こりのふりをするのにちょうどいい場所なんですよね。

女性がデートで格安店を提案するとき、もしかするとその目的は〝自分を良く見せるため〟だったり、〝もっといいものを手に入れるため〟の伏線かもしれません。

今度の週末さ
付き合って1ヶ月の
記念日だし
何か美味しいもの
ご馳走するよ
何がいい？
えっそんな…
悪いよ〜
ブンブン
私は普通に
ファミレスでいいからさ
あなたと食べれば
どんな料理だって
ご馳走だし…
なんて言うから
逆に絶対に高いの
あげたくなってさ…
これプレゼントの指輪
受け取ってよ
スッ
えーっ
そんな…！
…とまぁ
こんな感じで
ディオール
ゲット
ゆみちゃん
さすが！
ちょれーっすわ

割り勘に納得できない理由は「奢られなかったから」じゃない！

男女平等が叫ばれる現代、同世代の男女がデートへ行く場合、割り勘になることも多いですよね。

一方でこの割り勘、**女性からは大変に不評**であることもまた事実です。

会計時に割り勘になった瞬間、相手の男性にスッと冷めてしまう女性は、男性が思う以上に多いです。実際に私自身も、そんな経験があります。

でもこれって、「自分のお金を失うのが嫌だから」「自腹を切るのがもったいないから」じゃないんですよね。女目線からすると、もっと深い、別の理由があります。

♂女が抱える〝護られたい姫欲求〟とは

私は個人的に、男性のお金にはあまり興味がないほう（自分で稼ぐことが好き）なので、男性を収入で見たことはありません。

なんなら、交際相手に選ぶのは、いつも貧乏な男性です。

しかし多くの女性にとって、**交際相手の収入は重要**です。

これは「自分が金銭的に得をしたい」とか、「貯金をしたいから彼氏に全部払って欲しい」とか、そんな浅はかな欲求ではありません。

もっと根源的な、女の内から湧き上がる **〝護られたい姫欲求〞** です。

たいていの女は、「まわりの人（とくに男性）から庇護されたい」「お姫様扱いして欲しい」「可愛がって欲しい」という願望を持っています。

この **〝姫欲求〞を満たす際に、もっとも邪魔になるのが［お会計］という作業**なんですよね。

お会計の際に「はい、○○ちゃん3千円ね」と言われてしまうと、もうその瞬間、女は姫じゃなくなります。男と同額払うって、完全に立派な一等兵です。

普段は男女平等とかホザいといて都合のいいときだけ姫とかフザケンナ！　って感じですが、もうこれは仕方ないんです。**そういう性癖だと思ってください。**

「男性が自分のためにお金を使っていいところを見せようとしてくれている」

これって女からすると、もうハンパなく嬉しいことなんです。

男性だって、彼女に料理をつくってもらったら嬉しいですよね。そこに「**女は男の飯の世話をしろ」なんて差別意識はない**はずです。そうではなくて、こういう欲求は**性癖**なんです。

♂若い女性が年上男性を好む理由

ところが、20代の男性（とくに大学生や社会人1～2年目の男性）は、女の〝姫欲求〟を満たすことができません。どうしても使えるお金に限界があるし、そもそもその年代は男女の収入格差があまりないので、絶対に奢ろうという気持ちを持っている人が少ないんです。

一方で、アラサー以上の男性は20代の年下女性にはもちろん、同年代の30代女性に対してもお金を出させないように気遣ってくれることが多いです。

それはおそらく、すでに男女の収入格差を社会のなかで体感していることと、女性に対して奢るほどの経済的・精神的余裕があるからだと思います。

そのため、30代以上でも若い女性にモテている男性は、必ず女性に奢っています。

女の潜在的な〝姫欲求〟を理解し、しっかり満たせる金銭的・精神的余裕を持っている人が圧倒的に多いんです。

そうではない場合、多くの女性にとってその30代は魅力的ではありません。ただの〝ケチなオジさん〟です。

高学歴エリートの
若手社長と
小さな工場に
勤務する
冴えない男
きっと収入の差は
こんな感じだし
WIN
LOSE
社長を選んだほうが
経済的に幸せだって
分かってるんだけど…
キミに払わせたくないから
ここはオレが払うよ
奢ってくれない社長より
奢ってくれる平社員に
惹かれてしまうんだよな…

女≠テーマパーク好き

恋人同士でディズニーランド。

これは、若い男女ならば必ず1度は経験するカップルの定番イベントだと思います。

しかし、私は過去にカップルとして訪れたこの夢の国で、彼との別れを過去1番真剣に考えました。

そもそも私は、ディズニーランド好きではありません。

パークに入ってもとくに何の感情も湧かないし、なんなら爬虫類博物館とか地方の陶器市とか、そういう地味なイベントのほうが好きです。

でも世の中の男性は、基本的に「女はテーマパークが好きな生き物」だと思っています。

違う。

そういう女子はごく一部で、人混みがニガテな女やディズニーに特別な感情を持てない女、そもそも遊園地というものに大して興味がない女はその何倍も存在します。

女≠テーマパーク好き。

ここでは、男性が勘違いしている女のイメージを覆《くつがえ》すエピソードを紹介します。

数年前、交際相手とディズニーランドへ行った私は、人生でもっとも辛い1日を過ごしました。どうしてもディズニーに行きたいと言う彼の要望に付き合う形で行ってみたものの、入場前から1時間も並ばされ、炎天下のなかアトラクションに長時間並んだり、パークのなかを何キロも歩きまわったり、最終的に15時間にも及ぶ肉体労働（私にとっては、本当にただの労働）を強いられた結果、私は心も体もボロボロになり、帰りの電車のなかで意識を失いました。

高いチケット代に加えて、物価がバズりまくっているパーク内の飲食店やカフェで休憩を取ったことで使ったお金は結構な金額で、「こんな肉体労働をしてお金まで失うなんて踏んだり蹴ったりだ……」と泣きそうになったのを覚えています。

そのうえ、「私がこんなに死にそうになっているのに、彼は自分が楽しむことしか考えていない」「こんなにも価値観が違う人と将来やっていけるだろうか」という不満や不安がどんどんと湧き上がり、彼のことを一時的に嫌いになってしまいました。

そして結局は、その彼と本当に別れてしまったのです。

♂カップルでディズニーに行くと別れる理由

こうして私は「カップルでディズニーに行くと別れる」というジンクスの所以《ゆえん》を身をもって知ることとなりました。

ディズニーランドは価値観の違いが浮き彫りになり、恋人同士の別れを加速させます。相手にとっての幸せが自分にとっての拷問になり、自分の幸せが相手の拷問になる。

それはきっと今後の2人の関係を表す縮図なのだと思います。

ディズニーランドには〝膨大な待ち時間〟や〝高額な物価〟など、理想の過ごし方にズレが生じやすい環境がバッチリ整っているんです。

「女はテーマパークが好きだから、ディズニー連れて行けば喜ぶだろう」と思っている男性がいたら、私は全力で止めたい。たとえお互い同意の上で行くのだとしても、「何時間くらい遊びたいか」と「どう過ごしたいか」をしっかり話し合い、ズレが大きすぎる場合には行くことを再検討するのが賢明だと思います。

夢の国にあるのは夢ではなく、**時間やお金の価値観について真摯に考えさせられる現実**です。

RESTAURANT DISNY
パーク広い…
つかれた…
帰りたい…
じゃあここの
レストランで
休憩しよう
ふ～
やっと座れた
どれどれ
メニューは…
MENU
MENU
何このドリア
サイゼリ●の
5倍以上するけど…
こんなの頼んだら
ちっとも気が
休まらないよ…
ミッ●ーのミートドリア
¥1,600

女は〔イケてる男〕より〔口下手でおもしろくない男〕を彼氏にしたがる

巷では「口が達者でおもしろい男はモテる」などと言いますが、私は「恋人におもしろさや口の巧《うま》さは要らない」と常々思っています。

以前の私はとにかく「おもしろい人」が好きで、元カレのなかには芸人を目指している人までいましたが、今はそういう口達者な男性にはあまり魅力を感じません。

そういう男性は、実際に付き合うと疲れてしまいます。

まわりの女性たちを見ていても、ペラペラと達者にしゃべる男性を好んでいる人はほとんどいません。逆に、口下手で寡黙《かもく》な男性こそが女性にモテていたりします。

これにはある理由があると、私は思っています。

♂ 私が考える「おもしろさ」

先日、美人の先輩の結婚式で、新郎のスピーチがすごく下手くそでした。

その新郎は20代にして会社を経営する人で、言葉遣いも出で立ちも完璧で隙《すき》がなかったけど、いかんせん話がおもしろくなかったんです。

私はもちろん、関西から来た新婦側の参列者全員が「コイツつまんね」「オチどこやねん」と思っているのが目に見えるほどにスベり散らかしていたのだけど、関東出身の彼やその知人の参列者たちはそんなことには一切気づいていない様子でした。

うまいスピーチって、ただつらつらと綺麗な日本語を並べ立てるだけのものじゃありません。緊張と緩和。パリッとしたムードのなかでも笑いどころを1つは作り、その人が何を話したかを翌日になってもみんなが覚えていること。

これがいいスピーチ、すなわちおもしろい話の条件だと私は思います。

夫婦共通の知人である司会者の男性は、会の最後にこう言いました。

「ハイ、じゃあ最後、この会のシメのことばは新婦のリナさんからお願いします！　新郎よりもね、確実にいいスピーチができると思うので」

会場は大笑いでした。だって、実際本当にそのとおりだと誰もが感じていたから。

ほんの2時間の披露宴の間ですらも、夫婦どちらがより機転が利いておもしろい脳を持っているのか、全員が見抜いていました。純白のドレスを纏《まと》った新婦は、関西人らしく笑いを交えた完璧なスピーチで、参列者全員の笑いと涙を誘っていました。

♂世の中の男性は、女からするとほとんどおもしろくない

世の一般男性は、内輪ネタでは大層笑いを取るわりに、街頭インタビューのような初対面でのアドリブを要求されるシーンでは気の利いたことがあまり言えません。

それが得意（つまり口達者）なのはおそらく女性のほうで、だからこそ深夜のバラエティ番組などでは女性へのインタビューシーンばかりが使われているのだと思います。

芸人さんにはあらゆる事情でまだまだ男性が多いけど、多くの一般男性は、女性を笑わせるテクニックを持っていません。たいていの場合、自分たちだけがおもしろいと思うネタで笑っています。内輪から抜けきれていないので、外野が聞くとシラケるんです。

女性のモテテクに「すご〜い！」「おもしろい！」と男性に言いなさい、という教えがあるのは、**裏を返せば女性にとって本当にすごかったりおもしろかったりする男性がほとんどいない**ということです。

公の場でおこなう話に求められるおもしろさと、内輪ネタで笑えるおもしろさとの間に乖離《かいり》が

あるからかもしれませんが、たぶん今回のように「新郎よりも新婦のほうが話がうまい」というケースは往々にしてあるのだと思います。

♂〈おもしろい男〉に生じる大きすぎるデメリット

おもしろい男性って、表面上はたしかに魅力的に見えることもあります。

とはいえ私は、自分の交際相手におもしろさなんて微塵《みじん》も求めていません。

だって〈おもしろい男〉には、大きすぎるデメリットがあるから。


まず、**口が達者でおもしろい男は浮気をします**。

これは男性だけに限らず、男女ともにそうかもしれません。

口が巧い人間は人を操る術に長けているので、本人の魅力度（顔の良さ・学歴・職業などの基本スペック）にかかわらず浮気をする可能性が高いです。

そのうえ「**コイツ程度なら俺の口で誤魔化《ごまか》せる**」って、パートナーをナメてるんですよね。

私に対して発揮されるおもしろさや口の巧さは、他の女に対しても発動する。なので、そんな危険なオプションは選びたくありません。

逆に寡黙でおもしろみのない男性は、浮気をする才能もないと思っています。じっくり付き合ってみないと良さがわからないタイプの男に、遊びの女は寄り付かないから。

♂【女がツッコミ】のカップル最強説

そもそもおもしろさなんて相手が持っていなくても、女側から発掘できるんです。どこか抜けてる人（天然ボケ）はそれだけで勝手に笑えるし、自分に人並みのツッコミスキルがあれば相手が黙っててもそれなりにおもしろくできます。

男女関係は「ボケとツッコミ」で、コンビ芸人と同じくしっかり役割分担できているほど強いように思いますが、そのなかでもとくに**【女がツッコミ】のカップルは一段上**だと私は思っています。

【男がツッコミ】の関係は、まだ男女の枠を抜けきれていないというか、典型的でいくらでも替えが効くのでそこまでハマりません。

一方で、逆は「こんな適切なツッコミくれる女おらん」「この男はいつも私のことばで笑ってくれるな」と互いに唯一無二感を感じることができるので、まわりを見ていても長く続いているカップルが多いです。

これはもしかすると私が関西在住ゆえの感覚なのかもしれませんが、男は潜在的に女におもしろさを求めているし、女は自分のおもしろさを100％披露《ひろう》できる男を求めています。

「女と話していても男のようにおもしろくない」と言う男性はこのあたりを履《は》き違えていて、女がおもしろいことを言えない雰囲気を自ら作り出している（つまりオモシロイオレアピールばかりに精を出している）んじゃないかと思うんです。

私だって彼氏以外の男性に対しては、「なんでやねん」をすべて「あはは」に変換しているし、女芸人のような振る舞いをすると嫌がる人や、女にツッコまれるとプライドが傷つく人もいるので、そんな言動は一切しません。

初対面の男性や気を遣う相手に対しては、相手が披露する〝オモシロイオレ〟を笑ってあげる他にないんです。

だからこそ男性は自らのおもしろさを演出するより、女の素のおもしろさを引き出せる人のほうがモテるのだと思います。

もちろん男性側にプロ芸人ばりのおもしろさがあれば話は別だけど、そうでもなければ女から軽率にツッコめる隙のある人のほうが、一緒にいて心地いいものです。

♂本当にモテるのは「私が主役よ願望」を満たせる男

私は男性と交際すると、いつも必ず〝ツッコミ〟役になります。

もはや〝ボケ〟ができる男性を探していると言っても過言ではありません。

他の男性にはツッコミを入れられてばかりだし、おそらくそれが「女を楽しませること」だと思われているのだと思うけど、〝オモシロイオレ〟を披露されて笑ってあげるのは結構しんどい。

しかしこれが女の社会的任務だったりします。

だから家で自分の恋人にまでツッコまれたくない。俺のおもしろさ発表会は要りません。

私のほうがおもしろくありたい。あらせて欲しい。

このあたりの**潜在的需要**（**私が主役よ願望**）**を満たしてくれる男性はなかなかいない**ので、本当にもったいないなぁと思います。

この飲み会はあのセンパイの独壇場だなぁ…
で、そのときオレが言ったわけ
うるせーぞゴリラーマンって
あっははははすごーい
どうどうオレの話面白すぎて惚れたー？
うわぁ…
男性は女が褒めの「さしすせそ」を連呼し始めたら即座に「ヤバイ」と思おう
すご〜いセンスありますね〜
それは**オモシロイオレアピール**をし過ぎているサインだよ…

女の「好き」と「嫌い」は紙一重

女の恋は上書き保存。その切り替えの早さは、男性と比べると尋常じゃありません。

私は過去、彼氏と別れた18時間後に街コンに飛び入り参加したことがあるし、まわりの女性たちを見ていても、アプリ・相席屋・スイッチバー・HUB・クラブ・合コン・街コン……と、別れた翌週には嬉々として出会いの場を駆けずり回り、新たな男たちとのデートを楽しんでいます。

それはなぜかと言うと、**女のほうが恋人に盲目になってしまいがち**だからだと私は思います。盲目ゆえに見えていなかった相手の欠点に、気づくのは一瞬。それからは、もう2度とその男を好きになれません。「**あばたもえくぼ**」ってやつですね。


私がこのことわざを知ったのは、数年前に当時付き合っていた彼氏と別れる1ヶ月前。

「なんか最近、彼氏の食べ方が気持ち悪いの」と愚痴《ぐち》る私に、電話口で笑った母が、「それはアバタもエクボだよ」と言ったのです。

当時の私は、このことわざを知りませんでした。

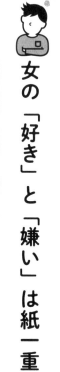

アバタってなに？　と訊ねると、肌のクレーターだと母が教えてくれました。

【アバタもエクボ】とは、顔にできた肌荒れの跡でさえもエクボに見えるほど、相手に盲目になっている様子。欠点が美点に見えるさま。


「だから、今まで気づかなかっただけよ。本当はずっと同じ食べ方なんだよ」

母にそう言われて、衝撃が走りました。

私は、彼が牛丼の米を啜《すす》るのが許せなくなっていたんです。

たぶんそれまでは、「男の子っぽくて良いなぁ、フフッ」って思ってました。

それなのにいつからか、「は？　きたねーなコイツ」に変わっていたんです。


今思えば、原因は別のところにありました。

彼とは数年間付き合っていましたが、遠出をしたことがほとんどなかったんです。

彼がインドアな人間で、私のデートプランにほとんど乗ってくれなかったから。

土日はいつもお部屋デート。

唯一頻繁に行く場所といえば、うちから徒歩5分の定食屋。月に1度くらい、繁華街でドーナツを食べる。それでも当時はまだ、そこまで不満に思っていませんでした。

♂あばたの存在に気づいた瞬間

でもある日、同級生の男子3人と、遠方の先輩に車で会いに行くことになりました。

そして、その際の彼らの素晴らしすぎる段取りを見て、「あ、私の彼氏ダメだ」と気づいてしまったんです。

ただの日帰り旅行、それも先輩に会うことが目的なのに、彼らは全力で予定を組みました。


「○○発祥のお店があるから、そこでランチしよう」

「その前にここの海岸沿いの道ドライブね」

「ランチのあと、あの名所に行こう！　ついでに近くの道の駅でお土産買いたい」


すごい速度で予定が決まったあと、運転役の男子が私を見てこう言ったんです。

「じゃ、明日の朝9時に車でマンションまで迎えに行くね」

そう言われた瞬間、世界がぶわっと広がった気がしました。

私はずっとずっとこの10畳のワンルームに、地味な男と2人で閉じこもって何をしていたんだろう。この数年間で行った場所は、近所の定食屋とラーメン屋数件、それから街の映画館、ドーナツ屋、それと……

そのときはじめて、自分と彼氏が1度も市内から出ていないことに気がつきました。目をつぶっていてもできるような、庭のなかでのデートしか体験していなかったんです。数年間も付き合っていたのに。

彼と2人で部屋に引きこもって過ごした時間は楽しかったけど、興奮や刺激は一切ありませんでした。語れるような思い出も、何もありませんでした。

こうして私はその盲目から抜け出せたけど、おかげで今や「なぜあの人とセックスができていたのか」、過去の自分を信じられないほど不思議に思っています。

女にとって9割の元カレとのセックスは、想像するだけでキツイ。それはアバタの存在に気づくから。しかも、それは突然やってきます。昨日までえくぼだったものが、今日から突然アバタに見えるんです。女の切り替えは光より速い。

世の中のカップル、とくに男性は、このことを覚えておいてください。

彼女を盲目でいさせられるように。あるいは、アバタの存在に気づかれたとしても、想い出でそれを補えるように。

♂女の恋が〝上書き保存〟に見える理由

ちなみに、冒頭で「女の恋は上書き保存」と書きましたが、実際はそうではないと私は思っています。

どちらかというと、**【即ゴミ箱行き】か【名前をつけて保存】の二択。**

保存した男たちを死ぬまで脳内で比べてるから、「今思えば元カレすごい良かったなぁ……」と元カレ沼にハマっている女も多いです。

かたや、どこにも保存されずに即ゴミ箱行きになる元カレたちも大勢います。

この2つの違いは、〝相性〟や〝想い出の量〟……って言いたいけど、実際は【別れ方】の影響もかなり大きいです。ケンカ別れやストーカー化されたら、どんなに良質な想い出があったとしても、すべてゴミ箱行きになります。

別れるときに執着する男性は多いから、女の恋愛は【ゴミ箱行き】→【新規開拓】になり、結果として「上書き保存」をしているように見えるのだと思います。

ゴミ箱に放った相手とのセックスは、想像するだけでキツイ。あなたがもし男性なら、女性との別れ方にはくれぐれも注意してください。

そ…そんなに焦って
食べんでも…
誰も盗らないよ
彼氏の食べ方を
「気持ち悪い」と
感じ始めたのは
いつからだろう
…
それまでは
天丼をかき込む姿も
「男らしくて素敵」
だったのにな…
ガッガッ
…
思い返せば
寡黙な男は
最終的にしゃべらないことに
イライラしたし
陽気な男は
その思慮の浅さが
嫌になることもあった
美点と欠点って
紙一重だな…
ガツ
ガツ
だとしたら「美点」は
あり過ぎない方が
いいのかもしれない

女が年齢を重ねるにつれてワンナイトセックスをしなくなるのは、〝セックスをする理由〟が変わるから

先日、ツイッターで男性が**「なぜアラサー女はワンナイトセックス（1夜限りの関係）をしなくなるのか？　20代前半の頃と比べて女としての価値が下がり、ヤリ捨てされるリスクが高まるからか？」**という書き込みをしていて、それに対して多くの男性が「そうだ、そうに違いない」と返していました。

私はそれを見て、ビックリしました。男性目線からだと、そんなふうに見えるのか、と……

ワンナイトセックスに関しては、男性だって年齢を重ねるにつれてしなくなっていくものだと思います。でもそれは、〝加齢によって自分の価値が下がり、女に利用されるリスクが高まるから〟でしょうか？

違いますよね。

もうその行為自体に、何かを犠牲にするほど絶大な魅力を感じないからです。

たとえるなら、小さい頃にハマっていたおもちゃやゲームと同じです。

あの頃は楽しかったけど、年齢を重ねた今、それに夢中になることはできません。**アラサー女性たちにとって、ワンナイトセックスは〝子ども遊びのおままごと〟に見えているんです。**

テキトーな男と一夜限りの雑なセックスをすることに、もう特別ドキドキしない。価値を感じない、楽しくない。**「まだそれハマってんの?」**って感覚。

アラサー女性に限らず、それなりに青春を謳歌してきた女性が早々に遊びをやめて、ハタチ前後で結婚・出産するのも同じ感覚だと思います。

「私もうそれ飽きたし、次のフェーズ行くわ」です。

そこにヤリ捨てされたら嫌だからうんぬんなんて価値観は微塵もありません。そもそも男性主体で考えていないんですよね。あくまで〝自分自身が楽しめるかどうか〟です。

正直なところ、多くの女性にとってセックスってそんなに価値のあるものではありません。だって自分から声を掛ければ、おそらく世の中の大半の男性とその行為ができてしまうから。

20代前半の頃はあんなに楽しかった〝知らない男とのセックス〟も、自分の意思で誰とでもできることがわかるにつれて次第に価値が下がっていきます。

そう、**価値が下がってしまうのは女性自身ではなく、セックスのほう**なんです。

女性に限らず、イケメンの男性もこの価値観を持っているケースが多いです。

自分の顔の良さでほとんどの女性とセックスできてしまうことがわかると、もうセックスにやりがいを感じなくなります。楽しみを見出せなくなるんですよね。

これは私の知人のイケメン（20代半ば）が言っていたことですが、「知らない女とのセックスも浮気も面倒くさい。タダで女性用風俗やってやる理由がない」だそうです。


アラサー以上の女性たちの価値観も、これとまったく同じなんだと思います。

彼女たちにとって、心を動かされない男性との雑なワンナイトセックスは〝サービス残業〟のようなものです。

自分自身が楽しめない行為を、よく知りもしない相手のためにわざわざやってあげる必要性を感じない、ゆえにしない。

若い頃はスリルを求めてセックスをしていたかもしれないけれど、年齢を重ねるにつれてその理由は変わっていきます。

「女としての価値が下がるから」は、男性視点の勘違いです。

同窓会!?
うん 成人式以来だから 約10年ぶり!
30人くらい 集まるみたいだよ
一応言っとくけど… 酔っ払って 持ち帰られたり しないでね
え~もうこの年で そんなのしないよ
でも テンション上がったら するかもしれないじゃん
一夜限りの過ち! みたいな…
あ~…
私はもう そういうセックスには 魅力感じないんだけど
いってきま~す
こいつは テンション上がったら するってことか…

女が男に〝一瞬で冷める〟ときの思考回路

Q 男性のことを急に気持ち悪いと感じてしまう原因は何なのでしょうか？（20代女性）

付き合う半歩手前くらいの3回目のデートの日、男性との待ち合わせで目が合った瞬間、嫌悪感から鳥肌がたって、本能的に気持ち悪すぎてダメだ、近寄らないでくれと思ってしまったことがあります。結局そのあと我慢して行ったデートで、実際的にド幻滅することがあって、フェードアウトしたのですが、それまでなんともなかったのに、急に明確な理由なく男性を気持ち悪いと感じてしまうのは、何が原因なのでしょうか？

この状況は女あるあるだと思います。仲のいい男友だちを急にキモく感じたり、好きになりかけてた相手の言動1つでスッと冷めてしまったり。「好き」と「キモい」が紙一重すぎて、自分でもビビるんですよね。なんなら、ほとんどの女にとって〝元カレ〟ってまさにそういう存在です。あんなに大好きだったのに、別れたらもうキモい。近寄らないでくれ。

前述の【女の「好き」と「嫌い」は紙一重】で書いた「アバタもエクボ」ということわざは、まさに女のためにつくられたことばだと思います。

♂〝女の本能〟の設計図

じゃあ一体どうしてこんな心理に陥ってしまうのかと言うと、**相手を知るうちに減点項目が増えて、彼があなたのなかで〝赤点〟に達したから。**

つまり、自分の本能が、**「こいつの遺伝子は死んでも孕《はら》めねぇぞ」**って判決を下したからです。

女はそう何人もの子どもを産めません。人生で、どんなにがんばってもせいぜい30人くらいです。かたや男は、設計的には数万人の子を残せます（現実的には無理だけど）。だから女は、遺伝子に対するジャッジを加点方式ではなく減点方式でやらなければなりません。

そのほうが早いからです。

自分の理想と比較して、一致していたらまぁOK、劣っていたら即減点。

減点がかさみ、自分が設定している【遺伝子許容のボーダーライン】を下回った瞬間に、その男のことを突然「気持ち悪い」と感じます。

これは女性なら必ず経験があると思うし、男性なら「ああ、そういう対応をされたことがある……」という心当たりがあると思います。

♂ボーダーライン前後の心境

女が〝冷める〟瞬間は、前述したとおり【遺伝子許容のボーダーライン】を相手が下回った瞬間。

対応が別人のように変わるので、はたから見ていても非常にわかりやすいです。

質問をくれた女性は、おそらく「彼の容姿はＯＫ」だと思っていたのに、デートを重ねるうちににじみ出てきた言動や、性格的な側面が引っかかり、どんどん減点していくうちに３回目のデートでついに彼を赤点にしてしまったんだと思います。

でも不思議なことに、女が異性を減点するとき、その作業は無意識下でおこなわれるから、**赤点に達するまで相手の点数に気づけない**んですよね。

「この男、私のなかでいま何点なんだろう？」

と思いながら会っている。

実際に減点しているはずの自分自身ですら、詳細な点数をしっかり把握しきれていないんです。

でもそれが、赤点になった瞬間一気に気づく。

「あっ、この人、前回のあの行動と、この行動がダメだったんだ。だから私のなかでナシになったんだ。てかそもそも、顔のパーツが好みじゃないわ」

こんな心境になります。

女友だちの元カレに対する愚痴を聴いてても、みんなまさにこのとおりのことを言います。

「だいたい、あのときからキモかったんだよね……アレがダメだった。だから振った」って、すごく前の話を持ち出してきたりして、いやいやあなたそのとき彼と付き合ってたでしょ、セックスもしてたでしょ……って突っ込みたくなるような話をするんです。

つまり、**減点方式は積み立て式で、時間が経っても消えない、それどころか膨らんでいくん**ですよね（減点なのに積み立てって言うのも変だけど）。

よく、「嫁は妊娠中の夫の言動をずっと根に持っている」とか、「不満が積もり積もって熟年離婚を切り出す」とか言われてるけど、この心理もそれに近いものがあります。

減点の積み立て。

そして**赤点になった瞬間、女は一瞬で冷め、もうもとに戻りません**。

♂冷めない・冷められないためにできること

絶対に別れたくない交際相手（彼氏・彼女）や好きな異性がいる人は、互いに **〝女側のボーダーライン〟に配慮して関係を築いていく必要がある**と私は思います。

（男性の場合、減点方式だけでなく加点方式を同時採用しているタイプが多いので、急激に冷めるケースが女より少ない）

私はいつも、「自分が彼氏を減点してしまわないように」そして「急激に冷めないように」細心の注意を払っています。

具体的には、無駄なケンカをしない、あまりにもダサいところは見ない・見せない、身だしなみに手を抜かないようサポートする……など、ちょっとしたことで減点の積み立ては回避できるんです。

女側が本能的におこなってしまう〝減点方式のジャッジ〟を仕方のないことだと受け入れて、その上でどう関係を構築していくかを考えないと、恋愛はなかなかうまくいかないと思います。

今日から
よろしくね
うん
えーぞ
えーぞ！
この男の子供
産むかもしれへんぞ！
心の中の自分
ごめ～ん
服選んでたら
遅れちゃって…
タタタ
ビクッ
なっ…
なんやその
柄シャツ!?
いやいける！
まだいけるで！
なんかこの店の皿
ちょっと汚れてない？
店員呼んで
クレーム入れようかな
オレ今日は機嫌悪いし！
チッ
…
こっ…これは…
スッ…
あっ、えっ
ちょっと
どこ行くの!?
アァ～ウトォ～～
これはアウト！
遺伝子許容の
ボーダーラインを突破！
もう孕めません！
奴の子は孕めません!!

あとがき

私はずっと、勘違いばかりしてきました。

女同士の会話から「男性とはこういうものだ」と勝手に決めつけ、女性主体の恋愛ノウハウを読みあさり、「こうすれば男性にモテるはずだ」という教えを信じて実践していた時期があるのです。

結果、恋愛はちっともうまくいかず、自分の思いどおりにいかない不快感から男性のことを嫌いになりかけたこともありました。

たとえば、恋愛においては一般的に、〝女性は常に受け身であるべきだ〟とされています。

男性から選ばれたほうが幸せになれるから、ただ容姿を整えて、あとはじっと待ちなさい。なんなら気のない素振りをしたほうが、男性の気を引ける。

メールの返信は1日おきで、急な誘いには絶対乗らない。

高嶺《たかね》の花を演じ続けて、男性が本気で告白してくるのをひたすら待つ。

もちろんデートで財布は開かない。

笑顔で「ごちそうさま♪」と言って、〝イイ女感〟を感じさせる。

セックスなんて言語道断。たとえ付き合ったとしても、すぐに体を許してはいけません。一切体に触れさせず、お堅い女を演じなさい。

それが女性のモテるコツです。


こんな教えを信じ続けて、数年間をムダにしました。

おそらくこの頃の私の振る舞いは、男性からすると「**なんだかムダな駆け引きばかりを繰り出してきて面倒くさい、男ごころをまるでわかってない女**」だったと思います。

男性側の気持ちなんて、一切考えていませんでした。

当然ながらまったくモテず、何年経っても彼氏の1人もできません。

当時の私は「男ごころ」を無視した戦略ばかりに囚われて、恋愛初心者が陥りがちな〝男女関係の勘違い〟に、どっぷりハマっていたのだと思います。
そしてこの**勘違いスパイラルにハマった人間は、男性・女性問わず、異性に好かれるどころか、**

どんどん嫌われてしまうのです。

私がこの勘違いスパイラルから抜け出して、ようやく素直な恋愛ができるようになった頃、ある1人の男性と出会いました。

それが冒頭のマンガに登場している元カレです。

彼は**偏った恋愛ノウハウを学んだことで、その思考にいびつな偏りが生じていました**。

そのため彼の言動には大きな違和感があり、その違和感が私たちの関係を少しずつ壊していったのです。

そんな彼の姿を見て、私は「まるで昔の自分を見ているようだ」と感じました。

恋愛ノウハウで異性を手玉に取るつもりが、自分自身が振り回されて、逆に魅力のない人間になってしまっている。

当時の私の言動を、「それは勘違いだよ。男ごころをわかっていないし、間違ってる」と教えてくれる男性が1人でもいたら、あんなに時間をムダにしなくてすんだのに……と今でも思います。

そこで、当時の自分のような人に向けて、**【世の中の男女の謎】**を1冊の本にまとめようと思い至りました。私は女性なので、とくに気になる〝女ごころをわかっていない男性の行動〟を中心に、女性目線の本音を赤裸々に綴《つづ》ってみようと考えたのです。

この本は、当時の私のように、異性に対する勘違いから違和感のある言動を取ってしまっている男性や、その言動に対して本音を言えずにモヤモヤしている女性に読んで欲しいと思っています。

男性と女性では、脳の構造が違います。

だから世界はおもしろいんだと思うんです。

モテないことに悩んだり、恋人と続かないことに悩んだり、男女関係がうまくいかない人というのは、**男女間の謎を解いて楽しむ**ことができていないのだと思います。

異性に対する勘違い行動をなくしていけば、男女の関係はスムーズでより良いものになります。

ゆがんだ駆け引き思考や異性嫌いに陥る前に、あなたのまわりの〝謎〟を解いてみてください。

灯諸こしき

出版イベントレポ
先日、
大阪のライブスタジオ
ロフトプラスワンWest 様で
出版記念イベントを
開催させていただきました
LOFT
LOFT plusone West
時期が時期だけに
先着50名限定の
小規模開催でしたが
Ticket
SOLD OUT!!
ありがたいことに
チケットは即完売
そして私は
こう考えました
ヒマやし
なんかいろいろ
つくっていこ
そうして
1ヶ月ほどかけて
いろいろなものを
準備しました
ペーパー
シール
メッセージカード
プレゼント
これで超完璧な
イベントにできる
そう思ったのです

滑り出し不調！

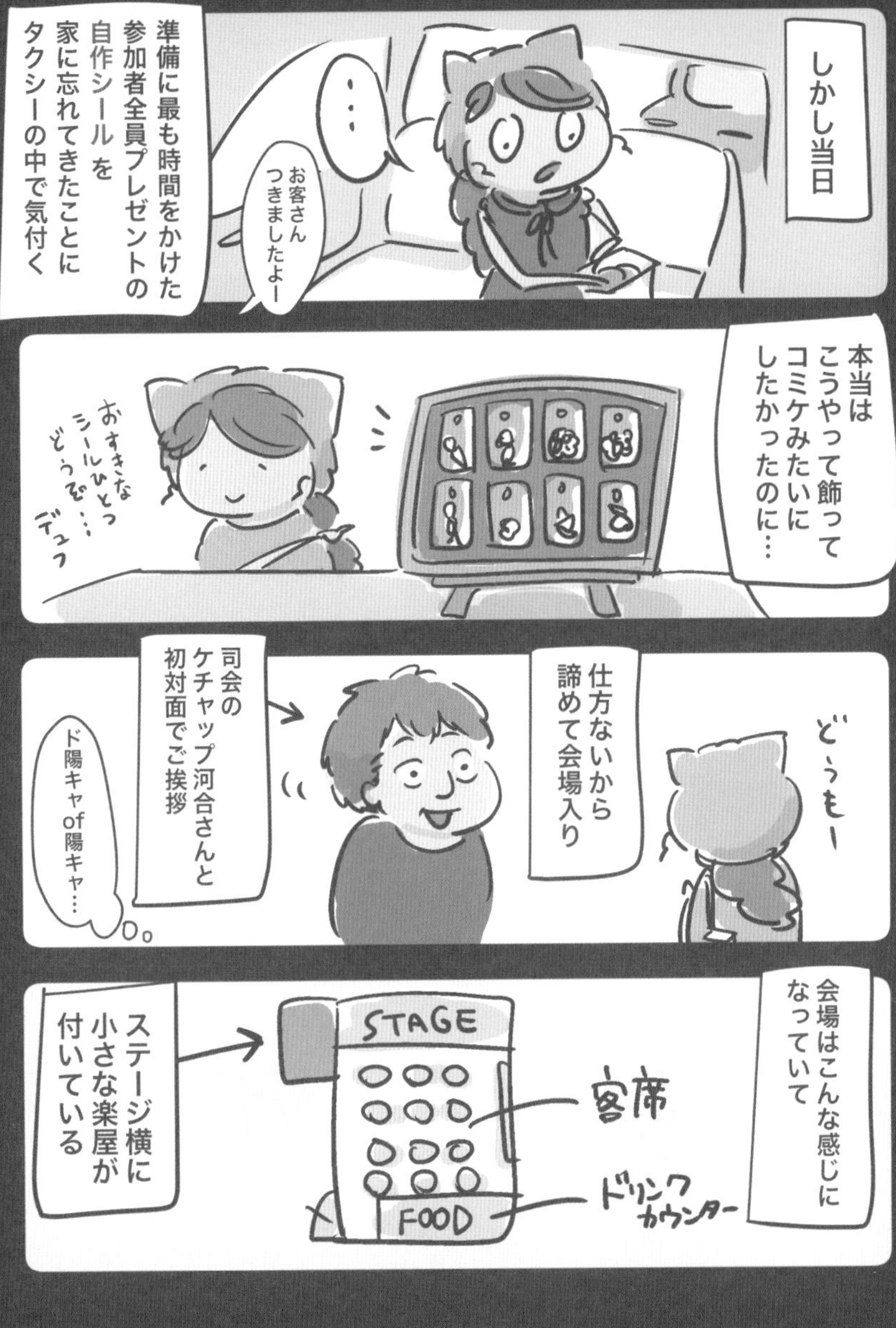
しかし当日
・・・
お客さんつきましたよー
準備に最も時間をかけた参加者全員プレゼントの自作シールを家に忘れてきたことにタクシーの中で気付く
本当はこうやってコミケみたいにしたかったのに…
おすきなシールひとつどうぞ…
デュフ
どうもー
仕方ないから諦めて会場入り
司会のケチャップ河合さんと初対面でご挨拶
ド陽キャof陽キャ…
会場はこんな感じになっていて
STAGE
客席
ドリンクカウンター
FOOD
ステージ横に小さな楽屋が付いている

打ち合わせ

まずはそこで軽く打ち合わせ
よ…よろしくお願いします
出版社の人
ハハ大丈夫ですよ
どうとでもしますんで
カッコイイ
ケチャップ河合さん(司会)
あっ緊張して飯食ってくんの忘れた…
死
あっ私お昼食べてないんでお茶漬け頼んでイイですか?
もちろんですこしきさんは?
たまごごはんください…
あるんだ
イベント開始約1時間前
あっ会場に人入ってきましたね
楽屋にモニターある
えっ

イベント開始直前

うわぁ本当に人来た
しかも1時間前に来て最前列陣取っとる
私なんか大学の講義でも最前列ダメなのにみんなハート強いな…
えっあの女の子私がつくったTシャツと私がつくったトートバッグ持ってくれてるまじかよ
あの男性もだあれは多分あのフォロワーさんだな…
そしていよいよイベント開始時間
じゃ僕が呼んだら出てきてください
うおーーーお母さんに電話したいっ
それでは灯諸こしきさんですどうぞー!!
パチ
パチ
パチ
あぁこの扉が
一生開かなければいいのに…
ファイトー!

怖い

あぁ…すごく苦手だ
ホステスなんて
裏舞台の仕事なんだから
私はこういうの
向いてないんだよ
どうぞー！
でももう行くしかないよな
自分でやるって
決めたんだもん
よし行くぞ行くぞ行くぞ
は、はは…
ぺろん
どうも……
来場していた姉妹曰く
このののれんをめくって
登場する姿が
実に庶民だったらしい
えっ
思ってたより
人多い
1クラス以上いるし
みんなこっち見てる
頼むから司会の
人を見てくれ、私、
しゃべれないよ
怖い……
えっ

乾杯

じゃあこれから こちらの本の内容について こしきさんにお話を 伺いたいと思います
はい…
あっその前に 何か来ましたね
参加者から差し入れの ドリンクです！
えっ そんな制度あるの!?
じゃあ そのドリンクを持って 乾杯の音頭を お願いします
えっ 私が!?
そりゃそうでしょ 僕がやったら変でしょ
き…きょうは 私のイベントに 来てくれてありがとう ございます…
かんぱーい（棒）
うおーーー なんだこれ死ぬ

内弁慶《うちべんけい》

じゃあ本の内容について第1章から順にお話を伺っていきます
まずこの1章の見た目について…
あぁヤバイ何章に何書いたかなんてもう全然覚えてないよ
私この本つくるのに2年くらいかけたもんもう1回ちゃんと読み返してくるべきだった…
えっと…その章で書いたことは…
ええい本の中では何万文字も語ってんのにここでは何も言えぬ内弁慶め！
そんな感じで第一部トークショー終了
ありがとうございました～
パチ
パチ
パチ
パチ
思ってること半分も話せなかった…

衣装チェンジ

楽屋裏にて
ヨロ
ヨロ
よかったよ〜！
うんうん
こしきさん、さすが
トークうまいです
やたら
持ち上げてくれる
担当編集さんたち
第一部（トークショー）と
第二部（Q&A）の間の
このタイミングで
衣装チェンジ
自作のTシャツから
お気に入りの
オフショルドレスに
これに着替えたことが
たぶん良かった
しつもんです
あっもう
緊張してない
いつもみたいに
話せるぞ
女性の参加者からの
質問です
「ホステスとして
1番大切なことは
なんですか？」
愛想笑いを
しない
自分への
言い訳タイムだな
これは…

プレゼント抽選会

続いては プレゼント抽選会
目玉商品は こちらのTシャツです
景品こんなんで 良かったのかな…
えっ… A185番の方!
A 185
あれっ いませんか? A185です!!
シーーン
いらっしゃらないと いうことで… 当選権が次の方に 移ります!
そうだよね 要らないよね…
うっ
うっ
のちに聴いたところ 来場していた姉妹が 当選していたらしい
B222番の方… あっ いらっしゃいましたね
おめでとう ございます!!
すみません…
結局イカツイ知人に 当たった (女性用サイズが)

サイン会

第二部のQ&Aトークとプレゼント抽選会は結構ノリノリで話せて大満足
ズゴーーッ
喉が渇いたので裏で差し入れのミモザを一気に飲む
第三部サイン会はこんな感じのスタイル
出版社の人
出版社の人
参加者の人たちにステージ前まで来てもらって本を受け取りサインする（高い所から申し訳ない）
よろしくお願いしますいつも見てます
うおおおおおおお人生初サイン…
サインサイン…ってこんな感じでいいのか？
ありがとうございました！
2020.07.
芸能人みたいなの書けないから普通に名前書いちゃってるけど

時間がない!

でっ…できました
パーーン
サイン本第1号…!
本当は色も塗りたかったけど時間的に仕方ないな…
ありがとうございました
スタッフ
こしきさんこしきさん
ん?
今のペースじゃ時間が足りないです1人あたり1~2分でお願いします
LOFTスタッフ
たしかに1時間で50人にサインしなきゃいけないんだよな
いやしかしそうなるとただでさえヤバイ絵のクオリティがますます…

面接官

もうこの際
それは仕方ない
こんにちはー
それより
来てくれた人との
会話を楽しもう
き…
今日はどちらから
いらしたんですか?
東京ですー
うわぁ
なんだこの
就活面接みたいな質問
くっ…
やっぱり会話に
集中すると絵の
クオリティが落ちる
ありがとうございましたー
左脳
右脳
会話
絵
右脳と左脳を
同時に使えないんだな
私は…
よろしく
お願いします
!?
なんでこんな
鬼カワイイ子が
私のイベントに!?

謎の美女率

そういえば さっきから参加者の女子 皆マスクしてても分かる レベルの美人だよな
男性向けの本なのに 美意識の高い女子が 集まっている… なぜ？
どうして私の イベントに 来てくれたんですか？
興味津々
えっと… たしか最初は ナンパ師の人の ツイートを見ていて
気付いたら こしきちゃんに たどり着いて ハマってました
ナンパ師の人 ありがとう
はー、しかしこの子たち いいなぁ欲しいなぁ
私が主催する合コンの レギュラーメンバーに なってくれないかな…

こんにちは！

京大生ホステス灯諸こしきです。

この本をお手に取りいただき
ありがとうございます！ 人生初のコミック入り
エッセイでとても難しかったですが、さまざまな
シーンでの男女のちがいを うまく描けたと
思っています。脳の構造がちがうからこそ、
男女関係っておもしろいんですよね。
お読みいただき 本当に感謝です！

灯諸こしき★

京大生《きょうだいせい》ホステスが教《おし》える
女《おんな》ごころの謎《なぞ》解《と》き

著　者　灯諸《とうもろ》こしき

発行所　株式会社　二見書房
〒101-8405
東京都千代田区神田三崎町2-18-11 堀内三崎町ビル
電話　03(3515)2311［営業］
　　　03(3515)2313［編集］
振替　00170-4-2639

印刷所　株式会社　堀内印刷所
製本所　株式会社　村上製本所

ブックデザイン　河石真由美（オフィスCHIP）
DTP組版　オフィスCHIP

制作協力　宮本里香（NPO法人企画のたまご屋さん）

ISBN978-4-576-20168-9
https://www.futami.co.jp